Mahatma Gandhi
O APÓSTOLO DA NÃO VIOLÊNCIA

※

Huberto Rohden

COLEÇÃO A OBRA-PRIMA DE CADA AUTOR

MAHATMA GANDHI

O APÓSTOLO DA NÃO VIOLÊNCIA

❊

Huberto Rohden

TEXTO INTEGRAL

3ª EDIÇÃO

A ORTOGRAFIA DESTE LIVRO FOI ATUALIZADA SEGUNDO O
ACORDO ORTOGRÁFICO DA LÍNGUA PORTUGUESA (1990),
QUE PASSOU A VIGORAR EM 2009.

MARTIN CLARET

© *Copyright* desta edição: Editora Martin Claret Ltda., 2001.

DIREÇÃO
Martin Claret

COORDENAÇÃO EDITORIAL
Taís Gasparetti

PRODUÇÃO EDITORIAL
Carolina Marani Lima / Alexander B. A. Siqueira / Jaqueline M. dos Santos /
Giovana G. Leonardo Fernandes / Gabriele Caldas Fernandes

DIREÇÃO DE ARTE
José Duarte T. de Castro

CAPA
Ilustração: Azat1976 / Brandonht / Shutterstock

MIOLO
Revisão: Lucyana Rocha de O. Torchia / Nilda Nunes
Impressão e acabamento: Renovagraf

Dados Internacionais de Catalogação na Publicação (CIP)
(Câmara Brasileira do Livro, SP, Brasil)

Rohden, Huberto, 1893-1981.
 Mahatma Gandhi: o apóstolo da não violência / Huberto Rohden.
— 3. ed. — São Paulo: Martin Claret, 2012. — (Coleção a
obra-prima de cada autor; 177)

"Texto integral".
Bibliografia.
ISBN 978-85-7232-112-9

1. Estadistas — Índia — Biografia. 2. Pacifistas. I. Título. II. Série.

12-04327 CDD-923.2

Índices para catálogo sistemático:

1. Pacifistas: Índia: Biografia 923.2

EDITORA MARTIN CLARET LTDA.
Rua Alegrete, 62 – Bairro Sumaré – CEP: 01254-010 – São Paulo – SP
Tel.: (11) 3672-8144
www.martinclaret.com.br
6ª reimpressão – 2017

Sumário

Advertência do autor 7
Introdução 9

Primeira parte
Assim vivia o Mahatma

1. O que Einstein pensava de Gandhi 19
2. O homem que ultrapassou a mística 25
3. As metamorfoses de Gandhi 31
4. Experiências em Londres 37
5. Força espiritual *versus* violência material 41
6. A Índia antes e depois da invasão britânica 49
7. A luta contra o monopólio do sal 53
8. O princípio da não violência é socialmente praticável? 61
9. As duas matemáticas: a de Moisés e a de Cristo 67
10. Gandhi em face do Cristianismo 71
11. Teologia cristã ou vivência crística? 79
12. Gandhi e a abstenção sexual 89
13. "Ainda não me libertei de mim mesmo" 93
14. Gandhi na Europa 97
15. Queriam ser iniciados por Gandhi 105
16. O mistério do jejum e da oração 109
17. Gandhi: o homem indefinível 115
18. Sobre reencarnação e culto da vaca 119
19. As "coerentes incoerências" de Gandhi 127
20. Gandhi e o problema dos "intocáveis" 131

21. "Nunca ninguém me ofendeu" 135
22. A *Bhagavad Gita* na vida de Gandhi 139
23. Que dizem de Gandhi? 143
24. O sangue do Mahatma sigilando a amizade entre dois países 147
25. Do diário de Kasturbai, esposa de Gandhi 153
26. Vinoba Bhave, o sucessor místico-agrário do místico-político Mahatma Gandhi 155

Segunda parte
Pensamentos de Gandhi

Viver cotidiano 165
Verdade 166
Amor 169
Não violência 173
Autodisciplina 177
Educação 180
Trabalho, propriedade e pobreza 183
Democracia e política 189
Solidariedade e paz internacional 193
Mulher 195
Religião 199
Deus 201
Oração 204
Jejum 206
Sacrifício 208
Humildade e tolerância 209
Castidade (*Brahmacharya*) 211
Cristo 215
Vida e morte 218

Perfil biográfico 221

ADVERTÊNCIA DO AUTOR

A substituição da tradicional palavra latina *crear* pelo neologismo moderno *criar* é aceitável em nível de cultura primária, porque favorece a alfabetização e dispensa esforço mental — mas não é aceitável em nível de cultura superior, porque deturpa o pensamento.

Crear é a manifestação da Essência em forma de existência — *criar* é a transição de uma existência para outra existência.

O Poder Infinito é o *creador* do Universo — um fazendeiro é um *criador* de gado.

Há entre os homens gênios *creadores*, embora não sejam talvez *criadores*.

A conhecida lei de Lavoisier diz que "na natureza nada se *crea*, nada se aniquila, tudo se transforma", se grafarmos "nada se *crea*", esta lei está certa, mas se escrevermos "nada se *cria*", ela resulta totalmente falsa.

Por isso, preferimos a verdade e clareza do pensamento a quaisquer convenções acadêmicas.

Uma imagem sorridente do Mahatma.

Introdução

O PARADOXO MÍSTICO-POLÍTICO

A humanidade conhece alguns místicos e muitos políticos — mas um místico-político, ou um político-místico, isto é coisa assaz estranha e, à primeira vista, impossível. O místico trata das coisas de Deus e do mundo espiritual; o político interessa-se pelas coisas dos homens e deste mundo material — será possível que, dentro do mesmo indivíduo humano, se coadunem esses dois mundos, tão distantes e, aparentemente, tão antagônicos?

Se o monismo cósmico não fosse um postulado da lógica, se não compreendêssemos que só pode haver um único princípio eterno de todas as coisas, sejam elas da zona material, sejam da zona espiritual, estaríamos dispostos a professar dualismo zoroastriano e negar a compatibilidade de elementos tão incompatíveis como a mística e a política.

No homem comum, de estreitos espaços internos, não pode, de fato, haver amizade e harmonia entre o Deus do mundo e o mundo de Deus.

De longe em longe, porém, aparece um homem de vastíssimos espaços internos; onde todo um sistema planetário pode girar livremente, sem colisões nem catástrofes, em torno de um único sol, que tudo ilumina e vitaliza. No interior desse sistema se forma, naturalmente, uma tensão dinâmica que, para manter o equilíbrio, tem de intensificar a sua força centrípeta na razão direta da sua força centrífuga, a fim de estabelecer um cosmos que não sucumba ao caos.

De vez em quando aparece, aqui na terra, um homem cósmico dessa natureza, um homem que equilibra extremos e sintetiza antíteses aparentemente inconciliáveis.

A grandeza de Mahatma Gandhi não está em ter sido um grande místico, nem em ter sido um hábil político — está em ter equilibrado em sua alma dois mundos quase sempre desequilibrados em outros homens.

Desde tempos imemoriais têm havido místicos desertores do mundo que encontraram a sua perfeição e felicidade na silenciosa solidão com Deus, em alguma caverna desnuda, na vastidão duma floresta, no cume duma montanha, no sugestivo silêncio dum deserto — ou então por detrás dos muros de um convento ou mosteiro. Disso temos milhares de exemplos.

Por outro lado, existem homens dinâmicos, peritos em lidar com dinheiro, mestres em política e diplomacia, relações nacionais e internacionais, homens que, depois de mortos, costumam ter estátuas de bronze ou de mármore em praça pública e cujas biografias enchem as prateleiras das bibliotecas. A política parece ser essencialmente dativa, vale pelo que dá ou realiza. A mística parece ser essencialmente receptiva, vale pelo que recebe e pelo que é. Aquela é considerada ativa — esta tem fama de ser passiva; mas são dois enganos porque nem o político é ativo, nem o místico é passivo. Ambos são dativos-receptivos, ambos ativos-passivos. A diferença está apenas no maior ou menor grau de datividade ativa e de receptividade passiva. No político é, geralmente, máxima a atividade dativa, a ponto de esterilizar a sua passividade receptiva — e isto é a desgraça dele! No místico isolacionista é máxima a passividade receptiva e mínima a atividade dativa. Ser dinamicamente passivo, ou passivamente dinâmico — eis o problema central da vida humana, o segredo último da sua grandeza e felicidade e a fonte suprema da sua força realizadora no seio da humanidade.

O homem medíocre, unilateralmente ativo, vive na alucinação coletiva de que é ele mesmo, seu conhecido ego humano, que realiza grandes coisas no mundo; que é a sua inteligência e astúcia, o seu dinheiro, o seu jeito, a sua erudição, a sua incessante lufa-lufa social, comercial, industrial, política, diplomática, que estes fatores sejam a causa real e última das coisas que ele realiza ou tenta realizar sobre a face da terra. E se alguém lhe disser que, por detrás de todos esses elementos ponderáveis e palpáveis da sua ruidosa atividade, há um elemento imponderável e intangível que, em última análise, é a fonte inicial e profunda de tudo quanto de realmente grande acontece em sua vida — então esse homem dinâmico meneia a cabeça, incrédulo, e considera poeta, filósofo ou místico, ou pelo menos imprático, o homem que tão estranhas coisas profere. Esse homem ignora o que seja passividade dinâmica ou serenidade criadora. Não tem consciência do imenso reservatório de forças cósmicas, esse invisível oceano que se alarga, incomensurável, misterioso e infinito, para além de todos os horizontes da percepção físico-mental. Para ele só existem os pequeninos arroios e regatos que dimanam do seu conhecido ego, correndo não se sabe para onde. Esse homem medíocre e míope nem sequer suspeita que esses próprios arroios e regatos da sua atividade febril vão para o silencioso mar, donde vieram.

* * *

Gandhi era duma vasta atividade e profunda passividade, e tudo que ele dava a seus semelhantes, na horizontal, recebera-o de Deus, na vertical. Por isso, a hora diária de meditação, a primeira hora do dia, e a segunda-feira toda, primeiro dia útil da semana, eram para ele a coisa mais importante, pois eram as silenciosas nascentes da sua passividade dinâmica que alimentavam os ruidosos rios da sua incessante atividade.

O povo deu a Mohandas Karamchand Gandhi o nome de "mahatma", isto é, "grande alma", porque sentia intuitivamente que, para além do cenário das suas visíveis realizações humanas, havia misteriosas regiões de invisíveis realidades divinas — e a sua grandeza estava precisamente na constante ligação do seu mundo visível com o mundo invisível; toda a sua política externa assentava alicerces na sua mística interna. É fácil trabalhar no mundo visível — o grosso da humanidade profana vive unicamente nesse plano. Mais difícil é contemplar o mundo invisível, longe de todos os mundos visíveis — há um grupo de avançados ascetas místicos que vivem nesse mundo ignoto. Dificílimo é viver de tal modo no mundo invisível que todos os mundos visíveis da nossa vida sejam permeados e vitalizados pela luz desse universo espiritual, e todas as materialidades da existência terrestre sejam como que aureoladas de um halo de poesia e beleza, nascido dessa inefável experiência do reino de Deus em nós.

Muitos são os impuros no meio dos impuros. Poucos vivem puros no meio dos puros. Pouquíssimos conseguem viver puros no meio dos impuros. Esses últimos são os verdadeiros "mahatmas", as grandes almas, os homens cósmicos, plenamente realizados. O supremo alvo do Evangelho do Cristo é a criação desses homens, dessas "novas criaturas em Cristo".

* * *

A Índia foi sempre o país clássico dos iogues, dos ascetas, dos místicos, dos mestres da renúncia e espiritualidade. Gandhi também fundou o seu ashram, ou colônia de retiro espiritual. Era uma espécie de fazenda onde moravam numerosas pessoas de vida disciplinada e sem propriedade individual. Concentração mental e contemplação espiritual; abstenção de carne e bebidas alcoólicas; trabalhos manuais e agrícolas; reuniões cultuais — tudo isto se observava no ashram de Gandhi, e ele mesmo era uma espécie de patriarca dessa comunidade.

Até aqui, nada de especial; tudo isso se praticava, havia séculos e milênios, na Índia.

Acontece, porém, que esse místico solitário aparece em palácios de reis e chefes de Estados, nas grandes cortes europeias; toma parte em debates políticos, em torno de problemas nacionais e internacionais; agita questões de grande relevância; porque esse homem é um hábil jurista, formado pela Universidade de Londres, que conhece e usa toda a dialética dos advogados e possui toda a perspicácia dos grandes estadistas. E no seu próprio país, aparece no

Congresso Nacional e pleiteia, contra um poderoso império, a emancipação política de 430 milhões de conterrâneos escravizados; mas não usa de nenhuma das armas materiais de que seus antagonistas se servem. Substituiu a arma pela alma. Esse homem não acumula dinheiro para si; vive em extrema pobreza e simplicidade, nutrindo-se de umas poucas frutas e do leite cru duma cabra, que nem era dele. Veste um calção e anda descalço, ou de sandálias, mesmo nos salões dos magnatas europeus, que o apelidam jocosamente de "faquir seminu". Pelas mãos desse homem estranho, tão solitário com Deus quão solidário com os homens, passam anualmente imensa soma em dinheiro e valores — mas ele mesmo não possui casa nem terreno e gasta apenas uns centavos por dia para sua manutenção.

Cercado da mais imunda política e diplomacia internacional, pelo espaço de meio século, esse homem não se desvia, nem por um triz, da sua linha de absoluta verdade e sinceridade; não admite manobras escusas à meia-luz; não conhece jogo bifronte por detrás dos bastidores. Defensor máximo da liberdade de seu povo, admite uma única tirania para si mesmo: a obediência incondicional à "voz silenciosa do interior" (the still small voice), como ele chama a voz da consciência.

O enigma Mahatma Gandhi é tão diáfano como a luz solar — e tão misterioso como uma noite estrelada. Sempre solitário em Deus, nunca deixa de ser solidário com os homens.

Com o fenômeno Gandhi entrou a história da humanidade numa nova fase de evolução. Está provado, finalmente, que são compatíveis essas duas coisas tidas por incompatíveis, a mais intensa mística interior e a mais extensa dinâmica exterior, o Deus do mundo e o mundo de Deus. Esse homem realizou na sua vida a grande síntese do espírito e da matéria, do fogo e da água. Nele o Verbo se fez carne e habita em nós. Daqui por diante, o materialista não tem mais justificativa para sua falta de espiritualidade — e o espiritualista não tem mais o direito de desertar do mundo material. Foi realizada a grande síntese, e o que foi possível uma vez na Índia é possível sempre e por toda a parte. O Mahatma não é da Índia, nem do Oriente — ele é do mundo e da humanidade.

Na Idade Média, quando um homem tinha tido o seu contato com Deus, o primeiro passo consistia em libertar-se de vez de todas as coisas do mundo; abandonar o mundo de Deus a fim de viver em Deus fora do mundo. O ponto culminante da vida ascética era a deserção do mundo.

Com Gandhi aparece uma nova forma de ascese — a ascese da libertação, substituindo e aperfeiçoando a ascese da deserção. Quem deserta das coisas materiais mostra boa vontade — mas não prova verdadeira compreensão. Por que foge? Por que deserta? Porque se sente fraco e receia cair; mas o temor é escravizante. Plenamente liberto e livre é somente o homem que, depois de se consolidar definitivamente no mundo espiritual, volta ao mundo material sem se materializar; o seu reino não é daqui, mas ele ainda trabalha aqui, como se fosse o mais profano dos profanos. Somente um homem plenamente espiritual pode admitir aparências de materialidade sem desmentir a sua espiritualidade.

De um homem que nada espera do mundo, tudo pode o mundo esperar.

Mas há, para além do homem dinamicamente ativo e do homem estaticamente passivo, uma terceira alternativa, que é o homem dinamicamente passivo ou passivamente dinâmico. Com esta qualificação designamos o homem cósmico, esse homem raríssimo que, depois de se identificar totalmente com o seu centro real, com o seu Eu divino, passa a manifestar esta sua implosão mística numa vasta explosão ética, transbordando a sua experiência divina em vivência humana. Uma vez que o homem atingiu a consciência da paternidade única de Deus, está em condições de realizar a vivência da fraternidade universal dos homens. E, neste caso, a ética não é apenas moralidade, que pode existir mesmo sem a experiência mística; mas o seu agir externo será o espontâneo transbordamento, a irresistível explosão da sua intensa implosão mística.

Quando, um dia, alguém sugeriu a Gandhi a ideia de abandonar o mundo profano da política e retirar-se em uma caverna para viver como místico, respondeu ele: "Eu trago essa caverna dentro de mim". Quem consegue transferir a "caverna" externa dos místicos para o seu interior, refugiando-se nesse santuário quando sente necessidade, este atingiu a culminância da sua libertação "gloriosa liberdade dos filhos de Deus". Mas para que alguém atinja essa liberdade, deve sujeitar-se voluntariamente à maior das tiranias, à sacrossanta "tirania da silenciosa voz do interior", e prestar obediência incondicional ao divino ditador da consciência. É este o "caminho estreito e a porta apertada que conduzem ao reino de Deus". De maneira que a mais ampla liberdade supõe a mais completa tirania — tirania voluntária.

"A Verdade" — escreve Gandhi — "é dura como diamante, mas é também delicada como flor de pessegueiro". Quem não aceita voluntariamente a dureza diamantina da Verdade, não chegará a fruir a sua delicadeza de flor de pessegueiro. Plenamente livre é somente aquele que voluntariamente se escraviza. E essa espontânea escravidão se refere não somente a Deus, refere-se também aos homens, nossos semelhantes; servir voluntariamente é libertar-se totalmente. Nada mais escravizante do que o desejo de querer-ser-servido — nada mais libertador do que a vontade de querer-servir! Quem não for escravo voluntário não pode ser homem livre — esse estranho paradoxo caracteriza a vida toda de Gandhi. Tão grande é a liberdade interior desse homem que ele se torna, exteriormente, escravo de seus conterrâneos, escravo do invasor britânico, escravo da humanidade inteira.

Quem não se sente plenamente livre deve evitar servir aos outros e deve assumir ares de dominador, porque onde falta a essência têm de prevalecer as aparências. Mas quem traz dentro de si o testemunho da sua liberdade real, este pode ser servidor de todos, porque a sua firme liberdade não necessita ser escorada com pseudoliberdades. Quem é sábio pode serenamente admitir aparências de tolo; mas o tolo tem de evitar solicitamente essas aparências e assumir ares de sábio para que a sua pseudossapiência não sucumba ao impacto da sua insipiência.

O mundo de hoje não compreendeu ainda a verdadeira grandeza de Gandhi, sem dúvida um dos mais lídimos discípulos que o Nazareno teve entre os homens nesses quase dois milênios de era cristã. Mas o espírito do Mahatma está trabalhando as consciências humanas, qual divino fermento, levedando aos poucos a massa profana e preparando o caminho para a grande alvorada crística.

Primeira parte

Assim vivia o Mahatma

Mahatma Gandhi fiando; um trabalho que, segundo ele, simbolizava a Índia.

Acima: Mohandas Gandhi aos sete anos de idade.
Abaixo: sua mãe, Putliba e seu pai, Karanchand Gandhi.

Capítulo 1

O QUE EINSTEIN PENSAVA DE GANDHI

Em 1939 — oito anos antes da declaração da independência da Índia, e nove anos antes da morte de Gandhi — disse Einstein:

"Um condutor de seu povo, não apoiado em qualquer autoridade externa; um político cuja vitória não se baseia em astúcias nem técnicas de política profissional, mas unicamente na convicção dinâmica da sua personalidade; um homem de sabedoria e humildade, dotado de invencível perseverança, que empenha todas as suas forças para garantir a seu povo uma sorte melhor; um homem que enfrenta a brutalidade da Inglaterra com a dignidade de um homem simples, e por isso se tornou um homem superior — futuras gerações dificilmente compreenderão que tenha vivido na terra, em carne e osso, um homem como esse".

Estas palavras de Einstein foram em parte reproduzidas pelo álbum "Mahatma Gandhi" que o Governo da Índia mandou publicar em 1969, em comemoração do primeiro centenário do nascimento do libertador da Índia.

Possivelmente, daqui a alguns séculos, os homens dirão que Gandhi foi um mito e não uma personalidade humana, como disseram de Moisés, de Buda, de Jesus, e de outros gênios avançados da humanidade.

Como se explica esta grande admiração que o maior matemático do nosso século tinha por um dos maiores místicos de todos os tempos? Que relação vigora entre esses dois gênios do nosso século?

Existe uma secreta afinidade, para não dizer identidade, entre matemática e mística; pois tanto esta quanto aquela refletem a consciência da Realidade Eterna, para além de todas as facticidades temporárias. Quando dois homens atingem a própria essência infinita através de todas as existências finitas, então se fundem num ponto indimensional todas as linhas da dimensionalidade. E esse ponto indimensional se pode chamar matemática ou mística — suposto que não se confunda matemática com aritmética, nem mística com misticismo.

A convergência de todas as existencialidades divergentes na essência única harmoniza todas as almas numa grande sinfonia de compreensão e fraternidade universal.

Einstein, homem profundamente intuitivo, não podia deixar de admirar um homem como Gandhi, cuja intuição via no poder do espírito e da benevolência algo infinitamente superior a todo o espírito de poder e de violência; um homem que via no amor da alma uma potência capaz de derrotar todo o ódio das armas; um homem que enfrentava a brutalidade física de um poderoso Império com a serenidade metafísica de um místico que nunca derramou uma gota de sangue.

Os profanos sabem que causas materiais produzem efeitos materiais.

Os místicos sabem que causas espirituais produzem efeitos espirituais.

Mas os homens cósmicos sabem que uma causa espiritual, altamente potencializada, produz também efeitos materiais.

Gandhi, por ser um *Mahatma*, libertou 500 milhões de indianos escravizados, sem o poder das armas, porque se libertara a si mesmo pelo poder de sua própria alma.

*   *   *

Nas páginas seguintes, falaremos primeiro do modo como o Mahatma se libertou da tirania do seu ego humano, e, na segunda parte, reproduziremos uma centena de pensamentos dele que refletem esse processo de autolibertação e autorrealização. Gandhi sabia por experiência própria que nenhum homem pode preparar o caminho da alolibertação se primeiro não trilhar a senda da autolibertação; ninguém pode ajudar a libertar os outros sem se ter libertado a si mesmo.

O ideal supremo da vida de Gandhi não consistia na libertação da Índia da tirania dos ingleses, mas sim na libertação de si mesmo da tirania do próprio ego, cujo corolário culminou na independência política da Índia. Ninguém pode fazer bem aos outros sem ser bom em si mesmo. A autorrealização precede qualquer alorrealização.

* * *

Um homem que viveu quase oitenta anos, que gozava de imenso prestígio entre centenas de milhões de conterrâneos seus; um homem por cujas mãos passavam anualmente valores altíssimos, que podia possuir imensos latifúndios e magníficos palacetes nos lugares mais encantadores da Índia — morre sem deixar um palmo de terra, nem uma casa, nem dinheiro em banco algum; a própria cabra de cujo leite se alimentava por ordem médica, não era dele e foi retirada pelo dono logo após a morte de Gandhi...

Não parece esse homem um verdadeiro mito, um fantasma irreal?

E que dizer das duas armas secretas — *ahimsa* e *satyagraha* — que ele forjou e, com as quais libertou a Índia? Quando se ouviu que alguém derrotasse seus inimigos com não violência e apego à verdade? Verdade é que, há quase dois mil anos, alguém disse "bem-aventurados os mansos, porque eles possuirão a terra" — mas onde estão os discípulos desse grande Mestre que tenham vencido os violentos pela não violência?... Disse também o Nazareno "conhecereis a verdade, e a verdade vos libertará" — mas quantos de seus chamados discípulos se convenceram de que há maior poder na verdade do que na mentira?

Pela primeira vez, nos anais da história humana, o poder do espírito derrotou o espírito do poder. Gandhi não recrutou exército contra uma das maiores potências militares e financeiras da época; não comprou canhões, metralhadoras e bombas atômicas para conquistar a independência nacional de seu país — apelou silenciosamente para a não violência e a verdade. Esse homem-mito...

Quando os seus amigos queriam saber o que o Mahatma entendia exatamente com a palavra *ahimsa*, e até que ponto devia ser aplicada essa arma secreta da não violência, respondia-lhes ele, com absoluta clareza, que *ahimsa* era:

1. não fazer violência *material* a ninguém, matando-o ou ferindo-o;
2. que se deviam abster também de qualquer violência *verbal*,
não falando mal dos opressores britânicos;
3. nem sequer deviam permitir violência *mental*, pensando mal
de seus inimigos:
4. nem mesmo deviam abrigar em seu coração um resquício de
violência *emocional*, odiando secretamente os ingleses.

E quando seus partidários perguntavam se, com essa quadrúplice não violência, era possível libertar a Índia, Gandhi lhes declarava que essa *ahimsa* integral apenas desobstruía o caminho para que a *satyagraha*, o apego à verdade, pudesse produzir os seus efeitos onipotentes; que eles deviam amar sinceramente cada um de seus inimigos a fim de os poderem derrotar, porque "quando um único homem chega à plenitude do amor, neutraliza o ódio de muitos milhões".

Nunca ninguém lançou mais estupendo desafio ao ego impenitente do que Gandhi com esse seu programa de *ahimsa* e *satyagraha*; nunca ninguém demoliu mais radicalmente do que ele o vasto panteão dos ídolos da egolatria.

Só quem adquiriu a plenitude da benevolência da alma pode prescindir da violência das armas.

E esse homem é um mito para os profanos.

Mito é sobretudo o homem que, no fim da vida, pode responder à pergunta se perdoou todas as ofensas recebidas com a declaração sincera: "Nada tenho que perdoar a ninguém, porque nunca ninguém me ofendeu".

O ego é *ofensor*, por um lado e, por outro, o ego é *ofendido*.

Mas, quando o ego humano é substituído pelo Eu divino, não pode mais haver nem ofensor nem ofendido. Eu não posso evitar que o outro seja ofensor, mas posso fazer com que eu não me sinta ofendido; enquanto estou marcando passo no plano horizontal da egoidade, serei sempre ofendível, alérgico a ofensas, e a minha permanente ofendibilidade se manifestará em *ofendismo crônico*, ou mesmo em *ofendite aguda*, precisamente porque ainda estou na velha dimensão do ego. Só deixarei de ser ofendível, quando deixar a zona horizontal do ego e me erguer à nova dimensão vertical do Eu — esse Eu que é a luz do mundo, que é o reino de Deus, que é o Pai em mim.

Verdade é que as teologias eclesiásticas só conhecem duas atitudes em face da ofensa: ou vingança, ou perdão. Acham mesmo que o grau supremo de espiritualidade que um homem possa atingir seja o de perdoar generosamente as ofensas recebidas.

Não negamos que perdoar a ofensa seja melhor do que vingar-se; mas negamos que o perdoador tenha superado o plano da egoidade, onde se acha também o ego vingador. Muito acima da virtuosidade se acha a sapiência, o autoconhecimento, a experiência do Eu divino, que nada sabe nem de vingança nem de perdão, porque nunca foi atingido por ofensa alguma. O Eu divino no homem é totalmente imune de ofensa e ofendibilidade, assim como a luz é imune de qualquer impureza ou contaminação.

O texto grego do Evangelho do primeiro século nunca fala em "perdoar", usa invariavelmente a palavra *"aphíemi"*, que podemos traduzir corretamente por "desligar" ou "soltar". Quem não é ofendido ou ofendível desligou-se totalmente do plano horizontal do ego, e entrou na nova dimensão vertical do Eu inofendível. Assim como Deus é inofendível, assim é também o Eu divino, o Deus em nós, inofendível.

É talvez precisamente neste ponto da inofendibilidade, que Gandhi revelou mais nitidamente o seu caráter "mítico". Por via de regra, os santos e outros homens espirituais julgam suficiente perdoar as ofensas; somente o homem sapiente, autocognoscente e autorrealizado, é que ultrapassou essa fronteira da virtuosidade do ego e descobriu o país do Eu sapiente, consoante as palavras do Mestre: "Conhecereis a verdade, e a verdade vos libertará". Libertar-vos-á não somente do ego vingador, mas também do ego perdoador e vos introduzirá na "gloriosa liberdade dos filhos de Deus", do Eu desligado tanto da viciosidade da vingança quanto também da virtuosidade do perdão.

Se houvesse na humanidade muitos desses homens-mito como Gandhi, seria proclamado o reino de Deus sobre a face da terra.

Mas... quantos são os *mahatmas,* as grandes almas?

Capítulo 2

O HOMEM QUE ULTRAPASSOU A MÍSTICA

Quando, em janeiro de 1948, correu pelo mundo a notícia do assassinato de Mahatma Gandhi, estremeceu de dor e simpatia a humanidade toda, do Oriente ao Ocidente. Houve luto mundial, sem distinção de raças, classes ou credos.
Por quê?
Porque um homem de quase 80 anos deixara de existir sobre a face da terra — um homenzinho feio, seminu, que não deixara nada afora uma tanga, uns óculos, uma caneta tinteiro, um primitivo relógio de algibeira e um par de sandálias.

Mas esse homem, aparentemente paupérrimo, era imensamente rico e enriquecera centenas de milhões de seres humanos. A sua riqueza não estava em algo que ele tivesse, mas sim naquilo que ele era. Os seus "teres" eram praticamente nulos, mas o seu "ser" era imensamente grande, poderoso e belo. Gandhi, mendigo dos bens materiais, era milionário de bens espirituais. E o mundo, apesar de tão materializado na aparência, provou com a sua consternação e simpatia universal, que ainda guarda nas profundezas da alma o fogo de uma espiritualidade latente; porque o homem é muito mais aquilo que desejaria ser do que aquilo que é, no plano da sua vida externa. Em janeiro de 1948, a humanidade provou que através do seu espesso e inegável materialismo transluz ainda o seu misterioso idealismo espiritual, e que ela sofre da nostalgia do Divino e das saudades de algo melhor do que ela possui no plano horizontal das suas deslumbrantes materialidades.

Mahatma Gandhi, como advogado e chefe político de centenas de milhões de homens, bem poderia ter acumulado

Gandhi, à direita, com seu irmão Laxmidas, 1886.

uma fortuna imensa, a exemplo de outros líderes de povos ou grupos políticos; poderia ter sido o maior marajá da Índia e ter deixado à sua família o máximo em conforto material e prestígio social. Mas nada disso aconteceu porque na razão direta que aumentava o seu amor e entusiasmo pelos invisíveis tesouros do mundo espiritual, diminuía o seu interesse pelos visíveis tesouros do mundo material. A sua *política quantitativa* desceu ao ínfimo nadir da indiferença quando a sua *filosofia qualitativa* atingiu o supremo zênite do entusiasmo.

O homem que descobre o universo da *qualidade dos valores internos* sofre um eclipse relativamente ao mundo das *quantidades do plano externo*, a ponto de se tornar um ser estranho nesta terra, um bloco errático no meio de vasta planície com a qual não tem afinidade alguma. Os profanos meneiam a cabeça em face de tão estranho fenômeno; uns o deploram como louco; outros o consideram doente; outros ainda o preconizam como idealista, mas ninguém consegue decifrar essa esfinge em pleno deserto.

* * *

Gandhi é um exemplo clássico de que um grande homem pode ser administrador de vastos bens materiais, sem se considerar dono e proprietário de nada. Podem passar por suas mãos somas fabulosas sem deixarem em sua alma vestígios de ganância e apego. O homem profano é impuro com os impuros. O homem místico é puro longe dos impuros. O homem crístico é puro no meio dos impuros; pode lidar com todas as impurezas — e a maior delas é, sem dúvida, o dinheiro, esse "excremento de Satanás", no dizer de Papini — sem se contaminar; porque o homem cristificado é como a luz, único fenômeno do universo que não aceita contaminação de espécie alguma; purifica todas as impurezas sem se tornar impura. Não transfere impurezas, como a água — neutraliza-as!

Em tempos antigos, como já dissemos, o homem espiritual julgava ser seu dever renunciar de vez e para sempre a todos os bens materiais; deixar o profano aos profanos, o material aos materialistas, e isolar-se em beatífica espiritualidade com o Espírito Divino. Hoje em dia, o desapego assumiu forma nova: o homem empolgado pelo espírito de Deus não abandona os bens materiais às mãos dos materialistas profanos, que deles abusariam, mas administra a parcela do patrimônio divino que lhe caiu nas mãos, em prol dos filhos de Deus, seus irmãos, que deles necessitarem; não se considera dono de nada, mas cumpre a sua missão de administrador dos bens de Deus a serviço da humanidade.

Verdade é que um homem assim não tem, geralmente, a glória de parecer um homem espiritual, uma vez que tem de lidar com coisas materiais; tem de sacrificar as aparências de espiritualismo pela essência da sua espiritualidade. E esse sacrifício do espiritualismo externo é, quiçá, a mais segura garantia e medicina profilática para preservar do contágio do orgulho à sua espiritualidade. Administrador de bens materiais, lidando com todas as sujeiras profanas do dinheiro e seus acessórios e derivados, dificilmente será esse homem endeusado como altamente espiritual, nem terá vontade para se matricular na escola daquele magnífico fariseu no templo de Jerusalém que, segundo o retrato que dele nos deixou o Nazareno, agradecia a Deus por não ser "como o resto dos homens, ladrões, injustos, adúlteros". As aparências de materialista e mercantilista preservam o homem espiritual em pura e autêntica espiritualidade — suposto, naturalmente, que ele seja, de fato, "pobre pelo espírito" e "puro de coração", isto é, desapegado internamente tanto dos objetos externos (dinheiro) quanto também do objeto interno (ego).

Gandhi na Ásia, e Schweitzer na África, são dois "santos" modernos, santos da humanidade, e não apenas desta ou daquela igreja; santos, ascetas, místicos que, na sua vida exterior, parecem ser o contrário de tudo aquilo que realmente são: homens espirituais por cujas mãos passam valores materiais de milhões e bilhões, sem deixarem vestígio em suas almas.

É esse o estado para além da mística medieval — e o estado crístico de homens cujo reino não é deste mundo, mas está neste mundo, como o do próprio Cristo.

O místico é como a água que, quando bem isolada, se

conserva pura, mas quando posta em contato com coisas impuras se torna impura.

O homem crístico é como a luz ("vós sois a luz do mundo") que, embora penetre em todas as impurezas, jamais se torna impura.

O homem cristificado sabe que nada lhe pertence, desde que ele mesmo deixou de se pertencer; pois ele pertence a Deus e à humanidade. Em virtude da sua grande sapiência intuitiva, acharia esse homem supinamente ridículo e imperdoável colocar a mão, pesadamente, sobre algum farrapo de bem material e declarar enfaticamente "isto aqui é meu e de mais ninguém!". Se tem de possuir, se tem de ir a um cartório e mandar registrar, sobre as infalíveis estampilhas multicores, com firma reconhecida, que este ou aquele fragmento de matéria morta pertence a ele, e só a ele — se assim procede, obrigado pelas puerilidades da nossa decantada civilização, tem ele a nítida consciência de que procede como um fantoche e palhaço e acha ridículas todas as suas posses e previdências humanas, mas tolera, por ora, essa sua ignomínia materialista, da qual se acha interiormente livre, mas cuja vergonhosa escravidão tem de tolerar durante a sua vida terrestre. Enfim, não são os atos externos que qualificam o homem, mas sim a sua atitude interna. O homem espiritual, de atitude interna pura, tem de tolerar, não raro, atos externos que lhe granjeiam fama de impuro. Tolerar essa fama de impuro pode ser um poderoso profilático para conservar-lhe sadia e vigorosa a pureza interior.

Por isso, quando percorreu o mundo aquela notícia de que um homem paupérrimo e riquíssimo havia deixado o plano dos mortais, a humanidade suspendeu por uns momentos a respiração e meditou em silêncio... E muitos compreenderam que semelhante pobreza externa só podia ser construída sobre uma grande riqueza interna...

E muitos se tornaram melhores — porque um homem intimamente bom havia passado pela terra dos mortais... Em última análise, existe um único meio de tornar bons os outros — é ser bom. Quem é realmente bom faz bem a todos, porque o seu ser-bom facilita aos outros serem bons também, mesmo que esses "outros" lhe sejam totalmente desconhecidos, e mesmo que habitassem as mais longínquas praias da mais distante das galáxias do universo. O ser-bom atua a qualquer distância, indiferente a tempo e espaço.

Nesse sentido escreveu Gandhi: "Se um único homem atingir a plenitude do amor, neutraliza o ódio de milhões".

Capítulo 3

AS METAMORFOSES DE GANDHI

Quase todos os insetos passam por diversas formas evolutivas — ovo, larva, crisálida, borboleta, ou forma correspondente — até atingirem a plenitude da sua natureza específica. Entretanto, a essência de todas essas formas evolutivas é a mesma em todos os estados; apenas as suas existências variam. A encantadora borboleta é essencialmente o mesmo ser que estava no ovo, na lagarta e na crisálida; e foi essa alma do futuro lepidóptero que, misteriosamente, impeliu as suas formas sucessivas e provisórias a atingirem as alturas do inseto alado definitivo.

Em última análise, por mais estranho e paradoxal que pareça, nenhum ser se torna o que não é; nenhum ser se torna explicitamente o que, desde o início, não é implicitamente. A "*natura*" (natureza) de cada ser é a coisa "nascitura", a que vai nascer e que, antes de nascer, nele existe em forma latente e potencial.

A potência ou potencialidade de um ser é a sua verdadeira natureza.

A verdadeira natureza do homem, por exemplo, é a sua racionalidade, porque todo homem é potencialmente racional, embora na maior parte dos homens de hoje não tenha ainda despertado essa racionalidade, senão apenas a sua intelectualidade. O homem é, potencialmente, um *homo rationalis*, ou *homo sapiens*, quando, atualmente, é apenas um *homo intellectualis*, ou *homo intelligens*.

O pequeno Mohandas Karamchand Gandhi (nascido a 2 de outubro de 1869 em Porbandar) era, implicitamente, o mesmo que o grande Mahatma Gandhi se tornou através dos decênios subsequentes. Na obra autobiográfica *Minha Vida e Minhas Experiências com a Verdade* conta Gandhi — com certa rudeza agostiniana, prova da sua inexorável sinceridade — algumas das metamorfoses da sua vida interna e externa. Em Porbandar, cidade ao noroeste de Bombaim, exercia seu pai, Kaba Gandhi, o cargo de primeiro-ministro. Mohandas Karamchand era o mais novo de seis filhos, três meninas e três meninos.

Foi no cárcere de Gujarat, de 1922 a 1924, que Gandhi achou tempo para escrever suas memórias.

De gênio tímido e retraído, era o pequeno o reflexo de sua mãe, da qual herdou também esse pendor introspectivo-místico que, mais tarde, atingiu plena evolução, sem o alhear do mundo exterior.

Na escola, pela convivência com meninos mais "modernos", aprendeu alguns dos vícios do mundo civilizado, como o de comer carne e, quando viu um cigarro fumegante na boca de um seu tio europeizado, o pequeno Karamchand o imitou, a fim de ser digno dos grandes e sentir-se importante. Chegou mesmo a surripiar dinheiro a seu pai e a outros, para poder comprar cigarros.

Como era de constituição franzina, um amigo o convenceu de que nunca teria vigor normal se não se habituasse a comer carne regularmente. O menino sucumbiu à tentação. Mas o primeiro bocado de carne de cabra lhe ficou como que atravessado na garganta — tão veemente era a consciência do pecado que estava cometendo, ingerindo parte dum animal assassinado. Mas, aos poucos, se foi habituando ao carnivorismo, tanto mais que os grandes senhores da terra, os ingleses, eram valentes na ingestão dessa espécie de manjares.

Sendo os pais de Gandhi estritos vegetarianos, viu-se o pequeno pecador obrigado a lhes mentir constantemente, a fim de ocultar o seu secreto carnivorismo. Aos poucos, esses dois delitos, a ingestão de carne animal e a mentira, desarmonizaram a tal ponto a alma sensível do garotinho que, finalmente, teve a força de romper em definitivo com essas fraquezas, voltando à pureza do vegetarianismo e da verdade.

Sua intransigência no culto da verdade, manifestada o resto da sua vida, remonta a esses acontecimentos da sua infância.

* * *

Era, e é ainda em parte, praxe na Índia que os meninos casem aos 13 ou 14 anos, e as meninas aos 11 ou 12. Gandhi casou com a idade de 13 anos com uma menina da mesma idade, que ele não escolhera nem jamais vira.

Desse modo, mal saído da infância, viu-se o adolescente lançado ao mundo tempestuoso das paixões sexuais; ele, cuja erótica era excepcionalmente forte. Pelo que nos deixou escrito sobre esse período da sua vida, concluímos que, qual o jovem Agostinho, tinha obsessão pelos prazeres do sexo.

Por volta dos 15 anos, tentou suicidar-se, em companhia de um amigo, ingerindo umas sementes tidas por venenosas; mas a droga não surtiu efeito, e os candidatos à autodestruição sobreviveram e criaram juízo.

Pouco mais tarde, endividado, Gandhi cortou o elo de uma pulseira de ouro de um irmão seu para saldar o débito; pagou a dívida material, mas sentiu-se moralmente endividado com esse furto.

Após essa série de pecados sentiu-se o jovem tão indizivelmente abjeto, que resolveu fazer uma confissão geral a seu pai, pedir uma penitência e começar vida nova, de pureza e honestidade. Ouçamos como ele, na autobiografia, narra esse episódio da sua juventude:

Depois de pagar a minha dívida com aquele furto, senti-me tão intolerável que fiz o propósito de nunca mais furtar. Resolvi confessar tudo a meu pai. Mas não tive coragem de abrir a boca, não porque receasse apanhar de meu pai — não me recordo de ter jamais apanhado dele — e sim porque receava causar-lhe grande sofrimento. Apesar de tudo, sentia que devia arriscar esse passo, uma vez que não haveria purificação sem uma confissão sincera. Finalmente, resolvi escrever a minha confissão numa folha de papel e entregá-la a meu pai, pedindo-lhe perdão. Foi o que fiz; entreguei-lhe pessoalmente a folha. Nesse escrito não só lhe confessava as minhas culpas, mas também pedia que me castigasse devidamente. No final da carta lhe implorava que, de forma alguma, pensasse em impor a si mesmo uma penitência por meus delitos, e revelava-lhe que fizera o voto de nunca mais roubar.

Eu tremia em todo o corpo ao lhe entregar a carta. Nesse tempo, sofria meu pai de uma fístula e tinha de ficar de cama. O seu leito era uma simples prancha de madeira nua. Entreguei-lhe, pois, o meu escrito e sentei-me defronte dele. Enquanto ele lia, rolavam-lhe as lágrimas pelas faces, banhando o papel. Depois, por uns momentos, fechou os olhos em meditação, e passou a rasgar o papel. Durante a leitura, erguera o corpo; depois tornou a reclinar-se sobre o leito. Também eu estava com os olhos cheios de lágrimas ao perceber o sofrimento da alma dele. Se eu fosse pintor, poderia reproduzir, ainda hoje, toda essa cena, tão vivamente ela se me estampou no espírito. Essas lágrimas de amor purificaram o meu coração e lavaram os meus pecados. Só quem experimenta em si tamanho amor é que sabe o que dizemos nesse cântico: "Somente quem pelas setas do amor foi ferido lhe conhece o poder".

Tudo isso foi para mim uma lição de coisas no plano da ahimsa.[1] *Nesse tempo, é verdade, não estava eu ainda em condições de descobrir naquele ato senão o amor de um pai; hoje sei que era a mais pura* ahimsa. *Quando essa* ahimsa *chega a abranger tudo, transforma todas as coisas com que entra em contato. O seu poder não conhece limites.*

---

[1] *Ahimsa:* literalmente não violência. Seu sentido, em sânscrito, inclui muito de positivo, aproximando-se do sentido de benevolência ou benquerença. Os conceitos de *ahimsa* e de *satyagraha* (força da verdade) são como que os dois polos sobre os quais gira toda a vida e atividade de Mahatma Gandhi. *Satyagraha* é impossível *sem ahimsa*: quem pratica violência física não pode praticar a verdade metafísica, porque a violência é o produto da ignorância e do erro. O adepto da verdade tem de renunciar a não verdade, em todas as formas.

Tão sublime perdão não era, aliás, próprio do gênio de meu pai; eu esperava que ele se zangasse, que me dissesse coisas duras e batesse com a mão na testa. Mas ele se conservou maravilhosamente calmo; creio que isso vinha da sinceridade da minha confissão. Uma confissão sem reservas, unida ao voto de evitar o pecado, feita a quem de direito, é esta a mais pura forma de arrependimento. O que sei é que minha confissão deu a meu pai perfeita tranquilidade sobre mim, e aumentou imensamente o amor que ele me tinha.

❧

Capítulo 4

Experiências em Londres

Com a idade de 18 anos, embarcou Gandhi para Londres, a fim de iniciar os seus estudos na Faculdade de Direito. Segundo os estatutos da sua casta, tinha ele proibição absoluta de dar esse passo; mas deu-o a conselho de parentes sensatos e amigos bem-intencionados. Sua mãe, a princípio, receava a ruína moral do filho, e só consentiu na partida dele depois que Karamchand depôs nas mãos dela um voto tríplice, a saber:

1. Conservar-se sexualmente puro.
2. Nunca tomar bebida alcoólica.
3. Não comer carne.

Gandhi prometeu e cumpriu fielmente os três votos, durante toda a sua estada em Londres.

Grandes foram as dificuldades iniciais na metrópole britânica. Tudo era tão diferente, tudo tão estranho, tudo tão profano... Encontrar um restaurante onde não lhe fossem servidos fragmentos de cadáveres de animais assassinados foi uma luta insana...

Finalmente, descobriu uma casa onde se serviam refeições vegetarianas, e pela primeira vez pôde tomar uma refeição farta, sem receios. Nesse restaurante naturalista também encontrou livros que recomendavam alimentos de procedência vegetal.

Gandhi era de natural tímido e nada social. Pouquíssimas eram as suas relações na sociedade, pelo menos no princípio.

A fim de ter maior contato com o ambiente, resolveu vestir-se à europeia, de gravata e colarinho, chegando mesmo a gostar de certa elegância no traje. Mas que coisa esquisita era um chapéu!... Só depois de algum tempo, o jovem estudante de Direito conseguiu usar corretamente esse ornamento. Por algum tempo até tomou lições de dança, estudou violino e francês...

Mas, depois de uns meses, convenceu-se de que todas essas coisas eram adulterações da sua natureza simples, além de lhe roubarem parte do tempo necessário para os estudos.

Alugou um quartinho modesto e daí por diante foi ele mesmo cozinhar os seus alimentos. Resolveu também dispensar tanto quanto possível os veículos de transporte, indo a pé grandes trechos, com real proveito de sua saúde e da bolsa.

* * *

Em Londres, encontrou-se com dois luminares da teosofia, Madame Blavatsky e Mrs. Besant. Não parece, contudo, que se tenha interessado grandemente pela teosofia; a sua alma era por demais oriental para que esse arranjo oriental-ocidental elaborado por aquelas duas senhoras, encontrasse suficiente eco.

Muito mais importante foi para ele o contato com a maravilhosa tradução inglesa da *Bhagavad-Gita*[1] feita por Mr. Edwin Arnold, bem como a obra-prima desse escritor intitulada *The Light of Asia* (*O Luzeiro da Ásia*), como o autor chama Gautama Siddhartha, o Buda. Gandhi conhecia, desde a mais tenra infância, a *Gita*, mas parece que a forma que Arnold lhe deu, adicionou novos encantos a esse evangelho do Oriente.

Outro acontecimento que marcou época na vida do jovem indiano foi a leitura da *Bíblia*, sobretudo dos Evangelhos, com

---

[1] Traduzida e comentada por Huberto Rohden, e editada por esta Editora. (N. do E.)

o ponto culminante do Sermão da Montanha, onde Gandhi encontrou perfeita sintonia com os mais elevados ideais da mística hindu. Se o Evangelho é o coração da *Bíblia*, o Sermão da Montanha é a alma do Evangelho. Mais tarde, disse Gandhi a um amigo: "Se toda a literatura espiritual da humanidade perecesse, e só se salvasse o Sermão da Montanha, nada estaria perdido".

Nesses documentos cristãos de pura espiritualidade encontrou Gandhi o clímax da *Bhagavad-Gita*, e descobriu a sua própria alma sedenta de verdade.

Interrogado, mais tarde, onde encontrara os princípios básicos da sua doutrina de *ahimsa* e *satyagraha,* respondeu que, na sua infância, ouvira essas verdades dos lábios de sua mãe, que lhe interpretava o espírito da *Bhagavad-Gita*; mais tarde, descobrira a confirmação delas no Sermão da Montanha e, finalmente, nas obras de Leon Tolstoi.

Desde esse tempo, convenceu-se Gandhi de que a verdade não tem partido nem credo; que ninguém é dono da verdade nem possui o monopólio da mesma; que a verdade é como a luz, a vida, o espírito; que ela é o próprio Deus, e que cada um participa da verdade uma vez que possui experiência de Deus. Nenhuma sociedade religiosa pode dar ao homem a verdade, mas todas elas, quando fiéis ao espírito divino, podem aplainar os caminhos para que o homem, assim preparado, tenha o seu encontro direto com o Deus da Verdade, que é a Verdade de Deus. Uma igreja que afirma possuir o monopólio da verdade apostata, com isso mesmo, do espírito da Verdade.

* * *

Ao termo de mais de três anos de ausência, regressou Gandhi para a Índia, com o título de Doutor em Direito.

Durante esse tempo falecera sua mãe, e Gandhi, ao entrar em casa, viu pela primeira vez o seu filho primogênito, de três anos de idade, nascido na ausência do pai.

Os primeiros anos após o regresso ao torrão natal foram talvez os mais tristes na vida desse homem. De gênio sensual e ambicioso, não encontrou satisfação nem no seio da família nem na vida profissional. Não fora a inesgotável solicitude e paciência do irmão mais velho, talvez o jovem causídico tivesse soçobrado e submergido no vasto oceano da mediocridade que dominava em derredor. Felizmente, havia nas profundezas de sua alma algo que não lhe permitia sossego no meio das satisfações e insatisfações do ambiente. Dinheiro, fama, prazeres, faziam, certamente, parte integrante da sua vida — mas podiam eles formar o centro de gravitação para um homem que, embora ainda vagamente, vislumbrava o seu grande destino para além desses estreitos horizontes? Sentia em si algo como uma imperiosa necessidade de servir e de se sacrificar para se encontrar a si mesmo, perdendo-se nos outros; mas, como isso de se perder nos outros homens, pode levar alguém a uma perigosa dispersividade e desintegração de si mesmo, adivinhou Gandhi a necessidade de se perder, primeiramente, em Deus, para que pudesse perder-se, sem detrimento, no serviço da humanidade. Quem não aprendeu a ser solitário em Deus não pode ser, sem perigo, solidário com os homens.

Mas a alma mística do jovem indiano estava ainda semidormente; era necessário que ele sofresse muito, muitíssimo, até que essa grande alma despertasse nele e tomasse conta da sua vida.

Se o homem profano suspeitasse a felicidade imensa que brota da voluntária renúncia às coisas do pequeno ego, em prol de seus semelhantes, não suportaria, por um momento sequer, aquilo que ele chama a sua "felicidade"...

A "Grande Alma" da Índia estava em vésperas da sua gloriosa epopeia de uma doação integral do seu pequeno ego ao Deus da humanidade e à humanidade de Deus.

Capítulo 5

Força espiritual *versus* violência material

Em 1893 seguiu Mohandas Karamchand Gandhi para o sul da África, a fim de levar a termo o processo de uma firma indiana contra um devedor remisso.

Mas — o homem põe e Deus dispõe.

A estada de Gandhi no continente africano devia prolongar-se por mais de dois decênios. Deus ia servir-se dele para reivindicar os direitos dos imigrantes indianos e outros conculcados pelos dominadores europeus. Após ligeiro regresso à Índia, em 1896, Gandhi retornou à África e iniciou uma campanha de força espiritual contra a violência material do governo britânico, nessa zona. Quando, em janeiro de 1897, retornando da Índia, pôs outra vez o pé em território africano, juntamente com 800 imigrantes indianos, não foi, por um triz, linchado pela multidão encolerizada que trabalhava a serviço dos invasores europeus.

Em 1899 rompeu, no sul da África, a guerra dos Boers, durante a qual Gandhi e seus amigos ofereceram os seus préstimos a serviço dos feridos.

De 1904 a 1914 dirigiu Gandhi os trabalhos da revista *Indian Opinion*, na qual procurava esclarecer a situação de seus conterrâneos na África e reivindicar o direito das minorias espezinhadas.

Por esse mesmo tempo fundou também a Colônia Tolstoi, para onde transferiu a redação e a administração da revista. Nesse paraíso terrestre fundiam-se, em admirável sinfonia, os trabalhos agrícolas e os altos ideais de espiritualidade do futuro libertador da Índia. Na Colônia Tolstoi revelou-se

Gandhi exímio educador de crianças e adultos, dando com a própria vida o exemplo de espontânea solidariedade ética, baseada na experiência mística. Assim, diz ele, "os meus educandos se tornaram os meus educadores, porque me obrigaram a exercer sobre mim mesmo a mais rígida disciplina e autodomínio, sob pena de ver frustrados os meus trabalhos pedagógicos. Tive de educar-me plenamente a fim de poder educar os meus educandos".

Já nesse tempo considerava Gandhi as deficiências dos seus educandos como consequência das suas próprias deficiências, e repetidas vezes impôs a si mesmo severo castigo pelas faltas deles, a fim de conseguir, para seus alunos e discípulos, a força espiritual necessária para uma vida de perfeita ética e autodomínio. Mais tarde, quando líder político e espiritual de centenas de milhões de indianos, prossegue ele nesse caminho, tão estranho e desconhecido a nós, mas tão profundamente verdadeiro e eminentemente crístico. Quando a Índia se recusava a sintonizar com a *ahimsa* e queria libertar-se à força de violências materiais, a exemplo do que praticam todos os profanos, então recorria o grande líder espiritual a longos períodos de jejum e oração, a fim de potencializar em si a voltagem espiritual e desse modo influenciar os seus conterrâneos. Esse homem, certamente, tinha conhecimento intuitivo de uma misteriosa lei cósmica, que tem por base o fato do "sofrimento vicário", ou seja, o fato de que o sofrimento voluntário e amoroso de uma pessoa tem o poder de modificar o clima interior de outros homens e torná-los propícios para as influências superiores. Quando, mais tarde, escreveu que "o amor de um único homem pode neutralizar o ódio de milhões", falou da profunda experiência dessa lei cósmica. Gandhi nunca escreveu tratados de mística, mas a sua vida refulge de frequentes lampejos místicos, sempre com formas diretamente práticas.

Quão necessários fossem esses preparativos ético-espirituais, no silêncio bucólico da Colônia Tolstoi, evidenciou-se, pouco depois, quando Gandhi teve de empreender a sua primeira grande batalha a favor dos direitos dos oprimidos e da dignidade humana de milhares de explorados.

Os imigrantes sul-africanos eram vítimas inermes de um imposto individual que lhes tolhia qualquer possibilidade de emancipação econômica, reduzindo-os à perpétua escravidão. Os dominadores europeus prometiam abolir essa taxa extorsiva, mas as suas promessas nunca se concretizaram em fatos, porque sabiam que os pobres imigrantes não possuíam meios para fazer valer os seus direitos.

Acrescia a essa situação outra injustiça; em 1913, o supremo tribunal da Colônia do Cabo resolvera invalidar todos os casamentos não contraídos nos cartórios oficiais e segundo o rito cristão, negando aos filhos desses casais, pela maior parte hindus e maometanos, o direito de herdarem os bens dos pais. Desse modo, de um momento para outro, milhares de mulheres até então legitimamente casadas, eram declaradas concubinárias, e seus filhos degradados à prole ilegítima.

Gandhi revoltou-se contra semelhantes injustiças, mas fê-lo a seu modo e de acordo com os sagrados princípios da *ahimsa e satyagraha*.

Há três atitudes que o homem pode assumir em face de uma injustiça manifesta: 1) calar-se simplesmente, e isto é covardia; 2) revoltar-se, opondo violência à violência, e isto é degradar-se ao nível de seu inimigo; 3) opor uma força espiritual a uma força material, e isto é suprema sabedoria, embora conhecida apenas de uns poucos sapientes e que supõe uma força espiritual que pouquíssimos homens possuem. Essa atitude é chamada por Gandhi, como já dissemos, *ahimsa* combinada com *satyagraha*, sendo esta impossível sem a presença daquela. Mas a ação conjunta dessas duas forças garante vitória certa e total porque ela é literalmente onipotente.

Interrogado, um dia, se a não violência (*ahimsa*) era arma eficaz contra a violência, respondeu Gandhi negativamente, acrescentando que somente uma *violência espiritual* é que podia derrotar uma *violência material*; interrogado sobre o sentido dessa "violência espiritual", respondeu que essa espécie de violência se chama, geralmente, amor, que é onipotente.

Em face das injustiças que os dominadores cristãos da Europa cometiam contra os imigrantes e nativos gentios da

África do Sul, resolveu Gandhi, depois de tentar inutilmente medidas conciliatórias, declarar-se em estado de *ahimsa*, desobedecendo à lei e convidando outros a segui-lo nessa "resistência passiva". Insistiu, porém, e com grande veemência, que essa atitude fosse realizada sem um vestígio de violência, nem material, nem verbal, nem mental, isto é, que ninguém fizesse, dissesse ou pensasse mal de seus opressores, mantendo para com todos eles uma atitude interna e externa de benevolência.

A execução prática dessa atitude de tríplice não violência supõe uma força espiritual quase impossível, sobretudo a não violência mental. Não *fazer* mal ao malfeitor é difícil. Não *dizer* mal dele, é dificílimo. Nem sequer *pensar* mal dele nem *querer-lhe* mal, e ainda querer bem a quem nos quer e faz mal — isto é um desafio ao mais alto heroísmo espiritual que se possa imaginar. Nessa altura se encontram, em fraternal amplexo, o espírito de Jesus, no Sermão da Montanha, e a alma de Gandhi, nas plagas da África, e depois na Índia: ambos exigem do homem algo humanamente impossível, porém possível ao espírito de Deus que habita no homem.

O homem comum, totalmente profano, age em face de qualquer violência como uma fera, opondo violência à violência, tentando derrotar um negativo com outro negativo, multiplicando assim os negativos existentes no mundo e piorando a situação geral da humanidade. E assim age o profano porque é joguete e autômato passivo de instintos cegos que o impelem e aos quais ele não consegue resistir. Quando um ou outro, menos profano, consegue abster-se de revidar violência com violência, tem, geralmente, a sensação de ser um herói extraordinariamente virtuoso. Esse, é verdade, não aumenta a massa dos negativos que no mundo existem, mas também não os diminui.

Quando então aparece algures, na face do planeta, esse fenômeno raríssimo que é o homem realmente livre e opõe ao negativo do ódio o positivo do amor, então assiste a humanidade à gênese de um novo mundo, ao *fiat* criador de um universo de luz e força que eclipsa todos os mundos materiais. Esse estranho fenômeno é então considerado como um "santo" — ou também como um "louco", conforme a capacidade receptiva de quem o contempla.

"Se um único homem chega à plenitude do amor, neutraliza o ódio de milhões."

A salvação da humanidade não consiste em medidas legislativas ou policiais — consiste fundamentalmente no fato de aparecer sobre a face da terra número suficiente de homens que tenham tido o seu contato real com o Infinito e, em consequência disso, possuam a força, leve e luminosa, de opor o positivo da benquerença ao negativo da malquerença, homens soberanamente libertos que neutralizam a violência material do ódio com a violência espiritual do amor.

Mas essa violência espiritual não é objeto de leis e decretos humanos — é o efeito de uma evolução interior do homem individual; consiste, em última análise, no descobrimento da verdade sobre si mesmo, no *gnôthi seautón* que os pensadores da Antiguidade haviam gravado no frontispício do templo de Delfos. Enquanto o homem identifica o seu verdadeiro EU divino com o seu pseudoeu humano — o seu elemento racional-espiritual, com o seu elemento físico-mental-emocional — não é capaz de responder o mal com o bem, ódio com amor, malquerença com benquerença, porque está sujeito à lei férrea de causa e efeito.

A suprema vitória da autorrealização, ou cristificação, depende do conhecimento da verdade do homem sobre si mesmo; naturalmente, não de um simples conhecimento teórico, analítico, intelectual, mas uma verdadeira compreensão experiencial e vital de sua íntima natureza, que é divina, boa, pura.

Todos os homens são potencialmente bons, porque isso é da natureza humana, mas poucos conseguem atualizar externamente essa sua potencialidade, essa bondade interna e embrionária, e levá-la à plena florescência e frutificação. Infelizmente, os nossos teólogos ocidentais, ensinando que o homem é essencialmente mau desde o primeiro momento da sua existência, dificultam grandemente essa árdua tarefa da atualização explícita da potencialidade implícita do homem. Se o homem fosse essencialmente negativo, mau, não poderia jamais tornar-se realmente positivo, bom, a não ser que adulterasse a sua íntima natureza humana; ninguém se torna explicitamente o que não é implicitamente.

Gandhi não elaborou nenhum sistema de filosofia ou teologia; mas a sua vida, obediente ao impulso da verdade, é uma apoteose da mais deslumbrante filosofia cósmica.

E, nessas alturas, estabeleceu-se o invisível contato entre a filosofia prática de Gandhi e a sabedoria espiritual do Evangelho de Jesus Cristo, embora, externamente, o grande líder espiritual da Índia não se tenha filiado a nenhuma organização eclesiástica do cristianismo teológico do Ocidente.

* * *

Quando Gandhi se declarou em "desobediência civil", apenas 16 pessoas o acompanharam de início; dentro em breve, porém, 60 mil pessoas se associaram à greve, protestando em silêncio contra a injustiça do governo europeu no tocante ao imposto individual e da lei que invalidava os casamentos contraídos segundo os ritos tradicionais do país.

Quase todos os trabalhadores das minas de carvão de New Castle aderiram ao movimento. A Colônia Tolstoi, em Phoenix, era o alvo da peregrinação dos grevistas; ali se estabeleceriam eles e ganhariam o necessário, cultivando a terra.

Numa dessas noites foi Gandhi preso e lançado ao cárcere, mas brevemente posto em liberdade pelo preço de 50 libras esterlinas. Entretanto, foi de pouca duração essa liberdade. O líder foi novamente encarcerado, desta vez com grande número de amigos.

A Índia, que estava a par de tudo por meio de telegramas e notícias da imprensa, ardia num vasto incêndio de entusiasmo pró-Gandhi.

Nisto veio socorro donde menos se esperava: o ex-vice-rei da Inglaterra na Índia, Lord Hardinger, declarou-se favorável à causa de Gandhi, censurando acremente a atitude do governo britânico na África.

Muitos milhares de grevistas estavam presos; as minas de carvão quase totalmente paralisadas. O general Smuts, principal responsável pela situação, tentou uma retirada estratégica, a fim de salvar as aparências, nomeando uma comissão para examinar a situação.

Após seis meses, Gandhi e dois dos seus principais auxiliares foram postos em liberdade. Um dos secretários do general Smuts disse a Gandhi:

"Eu não gosto da vossa gente e não estou com vontade alguma de vos fazer favores. Mas que fazer? Desejaria, por vezes, que recorrêsseis à violência, como os grevistas ingleses e, neste caso, nós saberíamos imediatamente como libertar-nos de vós. Mas vós nem sequer estais com vontade de fazer mal aos vossos inimigos; quereis vencer unicamente pelo fato de tomardes sobre vós sofrimentos e nunca transgredis os limites da vossa cordialidade e do vosso cavalheirismo, limites que vós mesmos marcastes. E é precisamente essa vossa atitude que nos torna inteiramente inermes diante de vós".

Até essa data, o general Smuts se recusara a receber Gandhi. Finalmente, porém, se convenceu da necessidade de entrar num entendimento com esse homem estranho, que representava a alma da Índia e falava em nome de centenas de milhões de conterrâneos dele. Mandou chamar Gandhi e fez com ele um acordo provisório, que, mais tarde, passou a ter caráter definitivo. Foram revogadas as leis do imposto individual e da invalidade dos casamentos não britânicos dos nativos.

Em 1914, já em plena guerra mundial, chegou a Londres para se encontrar com seu grande e benemérito patrício Gokhale. No fim do mesmo ano regressou para a Índia, onde foi recebido em triunfo. Contava 45 anos de idade.

Teria ele suspeitado que se encontrava em vésperas de uma luta muito mais árdua, em sua pátria, do que a que enfrentara, vitorioso, em terra estranha? E que, também desta vez, seria plenamente vitorioso, graças ao poder do espírito?

༄

Gandhi durante o primeiro movimento *satyagraha* da África do Sul.

Capítulo 6

A Índia antes e depois da invasão britânica

Thoreau, o poeta místico norte-americano, escreveu: "Quando, em algum país, o governo comete injustiças, então o único lugar onde um cidadão honesto pode viver é na cadeia".

Estamos habituados a falar da Índia como de um país atrasado, cheio de miséria e de mendigos. E muitos tomam isso por argumento para provar que espiritualidade é infensa ao progresso.

Entretanto, convém saber que até o século 18 era a Índia um dos países mais florescentes do globo, e o seu povo vivia numa espécie de paraíso terrestre, cheio de ordem e prosperidade. Os viajantes europeus voltavam do Extremo Oriente encantados com o que tinham visto. Tecidos finíssimos, sedas, musselinas, trabalhos de bordado, tapetes, objetos de arte em marfim e pedras preciosas, especiarias raras — tudo isto vinha da Índia. Os navios do Oriente eram famosos, os estaleiros da Índia tão perfeitos que, em 1802, a Inglaterra mandou vir desse país os desenhos para os seus navios mercantes e vasos bélicos.[1] A *Bíblia* do Antigo Testamento fala da Índia como sinônimo de riqueza e prosperidade.

A agricultura era considerada como trabalho sagrado, de maneira que, até em tempos de guerra, evitava-se, na medida

---

[1] Extraímos esses dados do livro de Werner Zimmermann, *Mahatma Gandhi*.

do possível, a destruição das plantações. Os impostos revertiam em benefício do povo, em forma de obras públicas. O comércio era feito ou em dinheiro ou em gêneros. Para épocas de carestia, existiam grandes armazéns onde eram conservados os produtos supérfluos. Havia magníficos monumentos de arquitetura; canais e estradas de rodagem cortavam a Índia em todas as direções; e se acham, em parte, conservadas até nossos dias.

Não havia aldeia que não possuísse suas escolas. Pelo fim do século 18, escreve Anquetil du Pernon o seguinte:

"Quando pus o pé no país dos marajás, tive a impressão de me ver transportado ao coração da simplicidade e do ambiente feliz da idade áurea, quando a natureza não fora ainda transmudada, quando a guerra e a miséria eram desconhecidas. O povo é alegre, vigoroso e de perfeita saúde. Ilimitada hospitalidade é virtude geral. Todas as casas têm suas portas abertas; forasteiros são bem-vindos como amigos e vizinhos".

Desabou então sobre a Índia, no século 19, a grande catástrofe: uma nação europeia penetrou no Extremo Oriente, ocupando-o, primeiro apenas comercialmente, mas escravizando, por fim, política e militarmente, um povo essencialmente pacífico. É talvez este o maior crime que a Grã-Bretanha cometeu em todos os tempos da sua história, o fato de ter arruinado, com a sua insaciável ganância, uma nação próspera e feliz. Não faltavam, é verdade, atenuantes para essa ocupação — povos vizinhos estavam em luta com a Índia, e a Inglaterra interveio como mediadora para restabelecer a paz e a ordem. De resto, não faltam entre os próprios britânicos pessoas sinceras que explicitamente reconhecem a grande culpa de um país chamado cristão contra um povo gentio. J. R. MacDonald, que por longos anos foi primeiro-ministro da Grã-Bretanha, escreve em seus relatórios:

"Dias e dias a fio percorremos o país e não vimos senão corpos emagrecidos, mourejando de sol a sol, arrastando-se cansadamente, através da vida inteira. A Índia é a pátria das vítimas da pobreza, e cada vez mais consciente se me vai tornando o fato de que essa pobreza vai de mãos dadas com a mais perfeita benevolência humana".

Ch. Elliott escreve:

"Não hesito em afirmar que metade da nossa população agrícola da Índia, durante o ano inteiro, não consegue matar a fome".

O dr. J. Oldfield, em 1912, publicou no *Daily News*:

"Não há, de momento, flagelo de fome na Índia oficialmente reconhecido; entretanto, visitando dúzias de aldeias e entrando em muitas casas, encontrei vazios ou quase vazios os celeiros de cereais, o que significa que os lavradores já venderam as suas parcas colheitas a fim de poderem pagar os impostos e que, dentro de dois meses, estarão sofrendo miséria".

O rev. J. Knowles, da Sociedade Missionária de Londres, informa:

"Verifiquei, numa comunidade de 300 almas, após cuidadoso exame, que a cada pessoa cabe cerca de 1/4 de *penny* de renda diária. Essa gente não vive, vegeta apenas".

A ganância do império britânico decretou para a Índia tão pesados impostos que, só na província de Madras, no espaço de dez anos, 840.713 camponeses e suas famílias foram expulsos das suas propriedades e estas confiscadas e vendidas em leilão porque os seus antigos donos não estavam em condições de pagar aos magnatas cristãos os impostos exigidos por lei. Mais de um milhão de hectares de terras foram abandonadas, e seus legítimos donos, espoliados, andaram pela Índia como mendigos.

O dr. Rutherford, em 1927, escreve em *Modern India*:

"Talvez o maior terror me incutia o fato de que eu, como cidadão britânico, era responsável pelo estado físico desses indianos, que era uma lenta e dolorosa agonia, uma vez que era responsável pelo governo que se descuidava de impedir a fome por meio de melhores serviços de água e pela redução de impostos territoriais".

* * *

No meio dessa situação aparece Gandhi e se sente obrigado em consciência a dedicar a sua existência ao serviço da justiça e da reumanização de um povo tão desumanamente maltratado por uma nação cristã do Ocidente.

Dois caminhos existiam, em tese, para realizar tão ingente tarefa: o da violência e o da benevolência. O primeiro é o que todos os povos antigos e modernos conhecem e costumam praticar. Gandhi, dado o seu imenso prestígio, poderia ter recrutado um exército de muitos milhões de homens e iniciado, se não uma guerra aberta, pelo menos um sistema de constantes guerrilhas e sabotagem que tornasse praticamente impossível a permanência do dominador britânico na Índia. Entretanto, o líder político e espiritual de seu povo não seguiu esse caminho — precisamente por ser um verdadeiro chefe espiritual. As suas evolução e experiência interna haviam atingido um estágio superior ao de quase todos os grandes homens públicos da história; havia se abeberado em duas fontes que põem a benevolência espiritual acima de toda a violência material — a *Bhagavad-Gita* e os Evangelhos. Dessas alturas da iniciação não havia regresso para as baixadas da profanidade.

E Gandhi resolveu empreender, em prol de seu povo, a grande campanha pacífica de libertação, como, no sul da África, fizera a favor das minorias imigratórias oprimidas e espoliadas pela mesma potência ocidental.

Capítulo 7

A LUTA CONTRA O MONOPÓLIO DO SAL

Em 1930 resolveu o governo britânico da Índia decretar o monopólio do sal, obrigando cada indiano a comprar o seu sal, dos agentes do governo, por um preço 24 vezes mais alto do que esse condimento custava, anteriormente, no comércio. Esse preço era praticamente proibitivo; a maior parte das pessoas do povo, já tão empobrecido, seria privada do uso do sal; só os habitantes mais abastados poderiam fazer semelhante despesa — a favor dos cofres de Londres. O oceano é salgado e banha grande extensão da Índia; mas o governo britânico proibira severamente a extração do sal das águas do mar, para que todos os indivíduos fossem obrigados a adquiri-lo nos depósitos oficiais do governo. Era necessário que centenas de milhões de indianos servissem de pedestal para que um pequeno grupo de gozadores pudesse folgar à vontade e viver no luxo.

Inumeráveis minas de sal, pequenas e grandes, foram fechadas por ordem do governo. Alguns camponeses, altas horas da noite, tangiam os seus rebanhos de gado para jazidas de sal à flor da terra — mas a polícia descobriu essa transgressão da lei e infligiu aos contraventores severa punição, inutilizando ao mesmo tempo essas jazidas.

Em princípios de 1930 resolveu Gandhi levantar voz de protesto contra essa lei injusta do monopólio do sal, empregando o mesmo método de *ahimsa* que usara na África. Entretanto, o seu apurado senso de justiça e sinceridade o impeliu a escrever, primeiro, uma carta ao vice-rei da Índia, solicitando encarecidamente a revogação da lei injusta. É notável esse documento de coragem e de humildade, razão por que o reproduzimos, a seguir:

Satyagraha Ashram
Sabarmati, 2 de março de 1930.
Querido amigo.
Antes de passar à desobediência civil e arriscar um passo que, durante todos esses anos, tenho procurado evitar, quisera dirigir-me a V. S$^{\underline{a}}$ para ver se encontro outra solução.
A minha palavra dada é absolutamente clara. Sou incapaz de fazer mal, intencionalmente, a qualquer ser vivo, muito menos a meus semelhantes — nem mesmo então quando estes me fizerem, a mim e aos meus, a maior injustiça. Embora eu considere o domínio britânico uma maldição, nem por isso tenho a intenção de fazer mal a um único inglês, nem de violar qualquer interesse legítimo que a Inglaterra possa ter na Índia.
As injustiças, que lhe expus alhures, estão sendo continuadas com o fim de manter uma administração estrangeira, a qual é, provadamente, a mais dispendiosa do mundo. Considere V. S$^{\underline{a}}$, por exemplo, o seu ordenado pessoal; importa em mais de 21.000 rupias mensais, sem contar diversos abonos diretos. O primeiro-ministro inglês recebe 5.000 libras esterlinas por ano, o que, pelo câmbio atual, são 5.400 rupias por mês, enquanto V. S$^{\underline{a}}$ recebe diariamente 700 rupias — quando a média da renda diária do indiano é menos de 2 anás. O primeiro-ministro de Londres recebe 180 rupias diariamente, quando a renda média do inglês é de 2 rupias diárias. De maneira que V. S$^{\underline{a}}$ recebe 5 mil vezes mais do que o indiano, na média, enquanto o primeiro-ministro inglês recebe apenas 90 vezes mais do que uma pessoa do nosso povo.
Genuflexo, suplico a V. S$^{\underline{a}}$ que medite sobre este fato. Escolhi um exemplo pessoal para ilustrar esta verdade. Grande demais é o respeito que tenho para com V. S$^{\underline{a}}$, como homem, para não querer melindrar os seus sentimentos. Sei que V. S$^{\underline{a}}$ não gasta todo o seu ordenado — possivelmente, é ele empregado em obras de beneficência. Mas o sistema que cria os preliminares para semelhante estado de coisas tem de ser exterminado radicalmente.

O que vale do ordenado do vice-rei vale, em geral, da administração como tal.

(Gandhi passa a expor ao vice-rei o que entende por *ahimsa* ou não violência, e prossegue:)

Essa não violência seria manifestada pela desobediência civil, atitude, por ora, restrita aos habitantes do Satyagraha Ashram, *mas, finalmente, destinada a abranger todos aqueles que preferirem aderir ao movimento dentro dos limites nitidamente definidos.*

Bem sei que, ao iniciar essa ação de não violência, empreendo algo que talvez se possa qualificar como uma temeridade de seriíssimo caráter. Mas a Verdade jamais cantou vitória sem que alguém arriscasse algo de caráter seriíssimo.

A conversão de um povo que, consciente ou inconscientemente, explora outro povo, muito mais numeroso e de cultura ainda inferior — bem vale esse passo arriscado.

Escolhi deliberadamente a palavra "conversão" porque não é outra a minha ambição senão converter o povo inglês pela não violência, a fim de que ele enxergue a injustiça que está cometendo contra a Índia. Não é intenção minha fazer mal algum a seu povo; quisera mesmo servi-lo, assim como sirvo ao meu próprio povo.

Sou seu amigo sincero,

M. K. Gandhi.

O vice-rei acusou laconicamente o recebimento da carta supra, mas não atendeu à solicitação de Gandhi.

Assim, Gandhi resolveu executar o plano. Iria marchar à praia do mar e iniciar os trabalhos da extração do sal e oferecê-lo ao povo da Índia, livre de impostos. O governo se veria obrigado a intervir e, desse modo, atrairia a atenção do mundo, despertando as nações para a injustiça da qual a Índia estava sendo vítima.

Gandhi tinha perfeita noção dos sacrifícios e do perigo que os aguardavam, a ele e aos outros *satyagrahis* que resolvessem aderir espontaneamente ao movimento de desobediência civil.

Dias antes do início da marcha associaram-se ao grande líder 79 homens, a elite espiritual do *ashram*, que se declararam dispostos a tomar sobre si, livremente, todos e quaisquer sacrifícios, inclusive prisão e morte. Gandhi lhes fez ver o arriscado da sua resolução; eles, porém, permaneceram firmes e prometeram evitar qualquer ato de violência material, verbal e mental — isto é, se absteriam de fazer mal, dizer mal e mesmo pensar mal de seus inimigos e carrascos, fossem quais fossem as injustiças que tivessem de sofrer.

Semelhante atitude, sobretudo a de nem sequer pensar e querer mal a seus inimigos, é tão difícil na prática que equivale a um verdadeiro teste de iniciação ou de autorrealização do homem.

No dia 5 de abril de 1930, após vinte e cinco dias de marcha, atingiram os 80 "rebeldes pacíficos" as praias do mar, num lugar chamado Dandi, e às 4h30 da manhã, depois de fervorosa meditação espiritual, começaram a extrair sal das águas do oceano.

A lei estava violada! A revolta contra o monopólio do sal iniciada! A Índia pagã, representada por uma elite de homens totalmente inermes, enfrentava um poderoso império cristão armado com os mais modernos aparelhos de destruição. Nunca se viu maior desigualdade aparente entre dois beligerantes!

Dentro de poucos dias, 50 mil pessoas, homens, mulheres e até crianças, estavam extraindo sal do mar, que ofereciam gratuitamente ao povo ou vendiam a preço módico, sem imposto de renda.

Em face da situação, a polícia britânica não pôde ficar inativa. Começou a grande ofensiva contra o exército pacífico dos rebeldes, que foram maltratados, chicoteados, a ponto de muitos deles caírem, exaustos, ensanguentados, alguns com os braços quebrados. Diversos hospitais cristãos se recusaram a aceitar e medicar os feridos, alegando não concordar em fazer causa comum com os revoltosos e infratores da lei.

Não tardou que 60 mil indianos, entre eles Gandhi, estivessem nas prisões, onde alguns deles sucumbiram aos ferimentos. Mas a resistência pacífica continuava e se avolumava cada vez mais. E em pé continuavam os princípios sagrados do grande líder: abstenção de qualquer espécie de violência material, verbal e mental. A senha era: opor benevolência à violência! Derrotar o ódio pelo amor!

Esse estranho duelo não tem similar na história da humanidade, a não ser na vida do próprio Cristo e de alguns dos seus mais autênticos discípulos, que nunca admitiram violência física contra quem quer que fosse. Os que ainda recorrem à violência — seja material, verbal ou mental — provam com isso mesmo que ainda são analfabetos no mundo do espírito, embora se digam, externamente, discípulos do Cristo. Nesse particular, o nosso decantado Cristianismo ocidental, sobretudo na esfera eclesiástica oficial, vem praticando, há quase dois mil anos, a mais vergonhosa apostasia do espírito do Cristo — naturalmente em nome de Cristo e pela salvação das almas — tamanha é a nossa hipocrisia ou cegueira!

Toda vez que Gandhi exortava os seus intrépidos *satyagrahis* a perseverar nessa resistência pacífica e benevolente, frisava ele o fato, para eles evidente, e para nós estranho e incompreensível, de que eles contavam com imensas legiões de aliados, no mundo invisível, que ajudavam os lutadores pacíficos e benevolentes, mas os abandonariam no momento em que estes se servissem das armas antiespirituais da violência. A indefectível fidelidade ao espírito de *ahimsa* e *satyagraha* (força da verdade) era a única e infalível garantia da vitória final, uma vez que o mundo espiritual é, por sua própria natureza, superior ao mundo material; mas a sua aplicação depende dos homens, do grau de confiança e fidelidade que o homem tenha para com esse mundo de forças imponderáveis.

Gandhi frisava o princípio básico de todos os grandes mestres do espírito, que, *de per si*, não é importante e decisivo aquilo que nós possamos fazer com os nossos recursos pessoais, humanos — importantes e decisivas são as forças invisíveis do universo, forças que nós, com a nossa reta atitude, mobilizamos a nosso favor, ou então contra nós; o que decide não são os nossos atos pessoais, mas sim os poderes cósmicos, atraídos ou repelidos pela nossa atitude interna, correta ou incorreta. Criar e manter uma atitude positiva, sintonizada com as forças cósmicas da Verdade, da Justiça, do Amor, da Benevolência, da Solidariedade é mil vezes mais importante e decisivo do que fazer isto ou aquilo, no plano externo dos cálculos humanos. Não somos nós que fazemos as grandes coisas, como pensam os insipientes adeptos do ego; as grandes forcas do universo invisível atuam por virtude própria e intrínseca; nós apenas lhes servimos de canais e veículos, pelos quais essas forças se possam manifestar no plano visível. Existe, porém, uma lei inexorável que diz: o veículo positivo veicula forças positivas — e o veículo negativo veicula forças negativas. Atos de violência são veículos negativos — atitude de benevolência é veículo positivo.

As forças positivas do universo nunca poderão ser derrotadas; derrotado só pode ser o veículo que não se harmonize devidamente com elas.

Por isso, é ditame de suprema sabedoria que nos portemos como canais de fluidos positivos e bons, porque, desse modo, as inderrotáveis forças cósmicas são veiculadas para dentro de nós e das nossas obras — "Se Deus é por nós, quem seria contra nós?"... "Tudo posso naquele que me dá forças"...

A ciência, naturalmente, confia nos recursos humanos, porque ela está ainda no plano primitivo do analfabetismo espiritual: somente a sapiência é que ingressou na universidade das potências superiores. Os recursos humanos, engendrados pela inteligência, produzem, em geral, resultados imediatos, razão por que os imediatistas, os míopes e os medíocres, como são todos os profanos, só conhecem e querem esses recursos.

As potências cósmicas, em geral, não produzem resultados imediatos, no plano da vida horizontal; muitas vezes até dão pequenas desvantagens à vista, embora sempre deem grandes vantagens a prazo. Ora, como o homem profano é essencialmente míope, essas grandes vantagens remotas e longínquas não são percebidas por ele, e por isso ele lhes prefere as pequenas vantagens propínquas e bem ao alcance da mão. Quem, por exemplo, rouba, mata, mente, defrauda, colhe em geral alguma vantagem imediata dessa violação da lei eterna, cego para a desvantagem mediata e remota que, infalivelmente, virá. Se alguém pudesse praticar impunemente um ato mau, sem que esse ato se voltasse contra seu autor, em forma de sofrimento, o universo não seria um *cosmos*, isto é, um sistema de ordem e harmonia, mas sim um *caos*, desordem e desarmonia. O universo, porém, é um sistema autoequilibrado; os seus dispositivos podem, sim, ser violados — é esse o glorioso e perigoso privilégio dos seres livres — mas essa violação é automaticamente compensada e reequilibrada pela sanção inerente à própria lei cósmica.

O pecador é, segundo as escrituras sagradas, um "insensato", um "tolo", um "insipiente" (isto é, "não sapiente", ignorante), porque não enxerga ao longe, obcecado pelas consequências de perto. Todo pecador é, por natureza, um adepto do *caos* e um apóstata do *cosmos*.

É suprema sabedoria compreender que a maior vantagem e felicidade do homem consiste em manter inalterável fidelidade aos princípios eternos da Constituição Cósmica, ou seja, da vontade de Deus. Ninguém pode derrubar o Himalaia com a cabeça; a Verdade, a Justiça, o Amor, a Bondade, a Solidariedade são forças cósmicas, realidades indestrutíveis, a alma do universo, contra a qual nenhuma criatura pode prevalecer definitivamente. Não está em nossas mãos cumprir ou não cumprir os planos de Deus — a nossa escolha se refere unicamente ao *modo*, e não ao *fato*, de cumprirmos essa eterna Constituição Cósmica. Podemos escolher o céu da harmonia ou o inferno da desarmonia, mas tanto neste como naquele caso cumprimos os planos eternos, seja gozando, seja sofrendo. Gozo ou sofrimento são modalidades desse cumprimento da lei eterna; essa alternativa é nossa. Nosso é o *como* ou modo, não o *quê* ou fato.

Para que o homem compreenda essa verdade, deve ele ter tido uma revelação de dentro, uma inspiração divina, fonte de suprema felicidade. Ter ou não ter essa revelação — é nisto que consiste toda a diferença entre o iniciado e o profano, entre o esotérico e o exotérico, entre o sapiente e o insipiente.

Gandhi era um *mahatma*, como o povo o apelidou, uma "grande alma", porque havia passado por uma experiência divina.

Kasturbai com os filhos de Gandhi, por volta de 1903.

Capítulo 8

O PRINCÍPIO DA NÃO VIOLÊNCIA É SOCIALMENTE PRATICÁVEL?

É sabido que o princípio de *ahimsa,* ou não violência, representa um fator central na vida de Mahatma Gandhi. Pergunta-se se esse princípio é aplicável a grupos sociais — ou se funciona apenas de pessoa a pessoa. Gandhi derivou essa doutrina da natureza individual do homem e conseguiu aplicá-la a grandes grupos sociais, e com surpreendente resultado. Nehru declara explicitamente que esse princípio não é socialmente aplicável, porque qualquer sociedade, sobretudo o Estado, é baseado no princípio da violência ou coação, que é, em última análise, compulsão física. Por detrás de toda a lei está a força policial ou militar, isto é, violência física em forma de multa, cadeia, inflição de sofrimento corporal e, finalmente, morte. Lei sem sanção não é lei eficiente.

E mesmo no caso que a violência legal não culmine nesse ponto máximo, que é a morte, ela é precedida e acompanhada sempre de uma série maior ou menor de outros tipos de violência, como é esse dilúvio de mentiras, calúnias, difamações, deturpações, espionagem, guerra fria e toda a espécie de terrorismos mentais e emocionais que os governos ou outros grupos sociais usam para subjugar seus adversários. A própria igreja cristã, sobretudo no seu setor hierárquico--sacerdotal, é essencialmente violentista; penalidades, suspensões, excomunhões, cruzadas, inquisições, cominação de penas em vida e depois da morte — que é tudo isto senão política e diplomacia de violência? A intolerância dogmática é uma violência em roupagens eclesiásticas.

Ora, toda e qualquer violência é filha do egoísmo. Onde não há egoísmo não há violência. Todo grupo social, civil ou religioso, é produto de egoísmo.

De maneira que temos de conceder, logicamente, que todo e qualquer grupo social, seja civil, seja religioso, está baseado no fator violência; quer dizer que não se guia pelo princípio básico do Evangelho e da espiritualidade, que é amor e benevolência.

Se existe regime de não violência, só existe em indivíduos de elevada evolução espiritual, mas não existe na sociedade como tal. A não violência, ou benevolência, pode ser individual — mas a violência é necessariamente social; violência é atributo inseparável da sociedade. Qualquer grupo social tem de ser violento, egoísta, exclusivista, sob pena de deixar de existir como grupo. Uma sociedade que permite a seus sócios a aceitação ou rejeição dos estatutos da sociedade e, neste último caso, deixa os transgressores impunes, essa sociedade deixou de existir, porque se suicidou previamente pela não violência. Qualquer sociedade vive graças à violência, e morre em virtude da não violência.

É esta a razão última por que Jesus não fundou sociedade (igreja), embora os teólogos lhe atribuam esse delito, degradando-o assim a um violentista, quando ele é o maior antiviolentista que a história conhece. Se Jesus tivesse fundado sociedade eclesiástica, teria sido, quando muito, um bom teólogo e hábil codificador de preceitos e proibições — isto é, um homem talentoso e medíocre, mas nunca esse gênio cósmico que realmente foi e é.

Toda a grandeza está na não violência — como toda a pequenez se revela na violência. Violência é a marca registrada da materialidade — benevolência é o sinete régio da espiritualidade. A violência está na razão direta da materialidade e na razão inversa da espiritualidade.

A violência é o atributo inseparável do ego, que é essencialmente fraco, e por isso recorre à violência; onde há força não existe violência. Benevolência é indício de força — violência é prova de fraqueza.

A violência aparece em formas várias; a mais comum é

a da violência *material,* que pratica atos violentos em forma física, como ferimento ou morte. Violência em forma mais civilizada se revela *verbalmente*, em forma de injúrias, maledicências, mentiras e difamações. A mais sutil, e por isso mesmo a mais perversa das violências, aparece na forma *mental* de ódio ou malquerença. As vibrações negativas do ódio envenenam em primeiro lugar seu próprio autor e produtor, e podem também causar graves danos ao objeto do mesmo, no caso que este seja alérgico às invisíveis ondas do ódio. Em casos extremos, o ódio produz a morte da sua vítima.

Pretender abolir a violência sem primeiro abolir o egoísmo é o mesmo que querer evitar o efeito sem extinguir a causa.

Todas as organizações do nosso século, tanto civis como religiosas, acham-se ainda no plano evolutivo do tempo de Moisés; a lei do talião, "olho por olho, dente por dente", é ainda o princípio básico das nossas sociedades. Pode haver indivíduos cristificados, mas não há sociedade crística: há apenas sociedades cristãs, quer dizer, grupos que hasteiam na fachada do edifício a bandeira de Cristo, mas praticam, à sombra dessa bandeira de benevolência, todas as violências.

Entretanto, é fato que Gandhi movimentou muitos milhões de homens com esse espírito de não violência, e teve resultados os mais positivos, culminando na libertação política da Índia. Como explicar esse fato?

Quando aparecem um ou mais indivíduos com elevada voltagem espiritual, torna-se possível o impossível: boa parte da sociedade, aliás violenta, age como não violenta, e consegue-o em caráter mais seguro e duradouro.

"Bem-aventurados os mansos, porque eles possuirão a terra" — não representam estas palavras de Jesus, no Sermão da Montanha, a solene consagração do princípio da não violência? Quem é que possui, de fato, alguma coisa ou alguém? Aquele que se apodera violentamente dum objeto ou duma pessoa? Não! Possuir é, em última análise, uma atitude bilateral, da parte do possuidor e da parte do possuído; se o possuído não consente livremente em ser possuído, o possuidor não o possui plenamente; apenas o violentou. Possuir na verdade só se pode pelo amor, pela bondade, pela benevolência; os que possuem pela violência não possuem, de fato, aquilo que julgam possuir; possuem-no assim como alguém possui um cão acorrentado, ou como um estuprador possui a pessoa estuprada, como um tirânico ditador possui os seus súditos ou suas vítimas. Só o "manso", o benevolente, o não violento, é que possui de fato.

O postulado básico para o nascimento de uma sociedade não violentista é, pois, este: que haja alguém plenamente liberto do violentismo do ego, e que esse alguém não somente se abstenha de qualquer espécie de violência material, verbal e mental (evitando fazer, dizer e pensar mal), mas que também seja mestre em substituir essa violência da malquerença pela benevolência da benquerença, que suplante o ódio pelo amor.

No caso que exista numa sociedade número suficiente de pessoas dessa natureza, ou pelo menos uma de alta voltagem espiritual, é possível que a benevolência individual crie um ambiente de não violência social.

É necessário, antes de tudo, que o chamado mundo cristão tenha a sinceridade de confessar que, até hoje, não há número suficiente de indivíduos bastante crísticos para influenciar favoravelmente a sociedade cristã. A sociedade cristã de hoje, quer civil, quer religiosa, obedece ainda à lei de Moisés, e os chamados cristãos são melhores discípulos de Simão Pedro de espada em punho do que do divino Mestre que mandou embainhar a espada. Indivíduos isolados embainharam a espada — mas a sociedade continua de espada desembainhada, porque não pode haver sociedade sem espada, uma vez que o princípio de qualquer sociedade é calcado sobre a ideia do ego, com todos os derivados e acessórios.

O melhor símbolo do nosso cristianismo organizado seria a espada, e não a cruz, porque esta significa benevolência, e aquela diz violência. A espada é, em geral, uma combinação de cruz e lâmina; e os cristãos costumam segurar o punho cruciforme da espada a fim de vibrarem a lâmina mortífera contra seus adversários.

Quando o nosso cristianismo se converterá ao Cristo?
Quando os nossos cristãos se tornarão crísticos?

Mahatma Gandhi, com o seu inexorável princípio de não violência, é, sem dúvida, um dos homens mais crísticos dos últimos tempos — e por isso mesmo se recusou a aceitar o nosso Cristianismo apenas cristão e nada crístico. Nele encontrou o Cristo um dos seus seguidores mais genuínos e autênticos.

Capítulo 9

AS DUAS MATEMÁTICAS:
A DE MOISÉS E A DE CRISTO

Estabeleceu Moisés a lei do talião, sintetizada nas conhecidas palavras "olho por olho, dente por dente". Antes dele, vigorava a praxe da retribuição ilimitada do mal por mal; para vingar a morte de um membro da tribo, era exterminada sumariamente a tribo inteira do ofensor. Decretou Moisés que, para haver equilíbrio de justiça, fosse a punição proporcional à injúria: se alguém mata uma pessoa da minha tribo, eu mato uma pessoa da tribo dele, e estamos quites; se alguém me quebra um dente, eu lhe quebro um dente, mas não a dentadura toda; se me arranca um olho, eu lhe arranco um, mas não os dois, e estamos quites, porque ofensa compensa ofensa, uma dívida é neutralizada por outra dívida igual.

É esta a matemática da lei mosaica; dois negativos (males) em sentido oposto dão zero negativo.

É evidente que essa matemática é totalmente horizontal, de ego a ego, e por isso vê quitação no fato de o ofendido fazer ao ofensor o mesmo mal que dele recebeu. E, no plano horizontal, não está errada essa matemática; se fulano me deve "X", e eu lhe devo "X", ninguém deve nada, estamos quites. Ora, o plano mental e emocional, onde se movem as ofensas, obedece essencialmente ao mesmo critério do plano material; logo, uma dívida compensa outra dívida.

Aparece, porém, um homem que não se move apenas no plano horizontal — o profeta de Nazaré estabelece outra matemática, muito diferente da de Moisés. Declara, peremptoriamente, que um mal não é compensado por outro mal; que um negativo (mal) praticado pelo ofensor e outro pelo ofendido não se neutralizam mutuamente, mas se somam e dão dois negativos, e não zero, como na lei de Moisés.

Qual a razão dessa diferença?

O fato é que Moisés e Cristo consideram o mal de dois pontos de vista diferentes: Moisés toma como ponto de referência o *direito*, que é do ego humano; Cristo focaliza a *justiça*, que é Deus.

O direito só conhece relação de homem a homem, de horizontal a horizontal; a justiça fala da relação do homem a Deus, de horizontal a vertical.

Se fulano me ofende, e eu o ofendo na mesma medida, estamos realmente quites no plano horizontal, jurídico, onde se movem as relações de direito. Se fulano me ofende, é meu devedor; se eu o ofendo de modo igual, eu sou devedor dele — mas, neste caso, meu débito é anulado pelo débito dele.

Nesse sentido, Moisés tinha razão, e a lei do talião persiste até hoje no plano jurídico do direito, que é o plano de todas as sociedades organizadas; porque o direito é um produto do ego, e, por isso, não pode deixar de ser egoísta. Nenhuma sociedade, como já dissemos, tem por base a justiça, mas sim o direito. Só o indivíduo, nas suas relações com Deus, horizontal-vertical, é que pode guiar-se pela justiça.

O que Moisés estabeleceu é para uma humanidade infantil a soletrar o á-bê-cê na escola primária da evolução. Mas o que Cristo proclamou visa a uma humanidade adulta no curso universitário do espírito. Para Jesus, a ofensa, o pecado, não atingem primariamente o homem, mas sim a Deus; o mal que o ofendido sofre é um mal externo, mas o mal que o ofensor pratica é um mal interno; antes que o ofendido receba o impacto do mal praticado pelo ofensor, já este se vulnerou a si mesmo pelo fato de ter praticado o mal. Mas como a íntima essência do homem é Deus — "o espírito de Deus que habita no homem" — é evidente que todo mal deliberadamente praticado tem a ver com a *justiça divina*, e não apenas com os *direitos humanos*, reveste caráter *horizontal-vertical*, e não apenas *horizontal-horizontal*.

E é precisamente aqui que se encontra a razão última e mais profunda da diferença de atitude entre Moisés e Cristo, no tocante ao mal. Pode haver neutralização entre homem e homem, entre o ofensor humano e o ofendido humano, quando este também se torna ofensor, porque ambos operam no plano finito e horizontal — mas não há neutralização, e sim agravação e adição de males, quando consideramos o mal na perspectiva da horizontal humana para a vertical divina.

Por isso, o Nazareno não permite de forma alguma a lei do talião, porque seria multiplicar os males, em vez de os destruir.

E Mahatma Gandhi foi, sem dúvida, um dos mais iluminados discípulos do Cristo, quando resolveu adotar por norma de vida o espírito do Sermão da Montanha: "Não vos oponhais ao maligno!... Amai os vossos inimigos! Fazei bem aos que vos fazem mal!"...

Ultrapassou a matemática primitiva de Moisés — e compreendeu a matemática infinitesimal da Universidade do espírito do Cristo.

Mahatma — essa "grande alma"...

Gandhi na África do Sul, 1907.

Capítulo 10

GANDHI EM FACE DO CRISTIANISMO

Inúmeras vezes tem sido focalizado este assunto, e quase sempre os autores ocidentais meneiam a cabeça, perplexos, estranhando que um homem de tão acendrada espiritualidade e duma ética tão pura, como o grande líder da Índia, se tenha recusado constantemente, como esses autores entendem, a abraçar os ideais do Cristianismo. Muitos atribuem essa atitude de Gandhi ao fato de se ter ele encontrado com pessoas cuja vida ética não refletia as convicções espirituais desses cristãos. Não há dúvida de que esse fato influiu na sua atitude; mas seria grave erro supor que esse tenha sido o motivo único, ou mesmo primário; Gandhi era por demais perspicaz para não aferir o valor de uma religião pela conduta de um determinado número de indivíduos que praticam essa religião. Quase sempre as realidades da nossa vida ficam muito aquém dos ideais da nossa fé. De resto, Gandhi também manteve relações de amizade com diversos representantes do Cristianismo ocidental cuja vida não destoava grandemente da sua fé.

Mesmo assim, o Mahatma nunca aceitou o Cristianismo na forma em que ele é conhecido entre nós, seja nesta, seja naquela forma teológica peculiar. Mais de uma vez declarou ele que aceitava Cristo e seu Evangelho, mas que não aceitava o Cristianismo, entendendo por Cristianismo as formas eclesiásticas em que o Evangelho de Cristo se manifesta, geralmente, no mundo ocidental.

Para compreender essa atitude de Gandhi, é necessário remontar muito além da linha divisória geralmente aceita como ponto de partida.

Encontramos, no Antigo Testamento, entre os hebreus, duas linhas paralelas de ideologia religiosa: a linha *profética* e a linha *sacerdotal*. Aquela é, de preferência, mística, intuitiva, e insiste na atitude interna do homem; ao passo que a orientação sacerdotal é, sobretudo, legal, organizatória, dando capital importância à incorporação do indivíduo no organismo social da religião.

Na filosofia, essas duas linhas são conhecidas como platônica e aristotélica. Pouco nos interessam nomes; o que importa é o conteúdo ou sentido dessas atitudes.

O conteúdo da linha profética-mística é a certeza intuitiva, experiencial, da imanência do espírito divino em todas as coisas; Deus é a essência ou alma do Universo e de cada indivíduo que faça parte desse grande Todo. Por isso, cada coisa é boa em sua íntima natureza, e se aparece como má, essa chamada "maldade" é algo puramente convencional, como a "maldade" de um terremoto, do sofrimento ou da morte. Ou então essa maldade é produto do abuso da liberdade de um ser autoconsciente, como o homem. Os seres conscientes e livres, embora essencialmente bons como emanações da divindade, podem tornar-se *existencialmente maus*, ou também *existencialmente bons*, consoante o abuso ou uso da liberdade. Nenhum ser pode ser essencialmente mau, uma vez que a sua íntima natureza é essencialmente boa e divina. Os seres inconscientes do mundo mineral, vegetal ou animal, também não podem ser livremente bons nem livremente maus, porque são eticamente neutros, amorfos, incolores; não comeram ainda, na linguagem esotérica de Moisés, no *Gênesis*, da "árvore do conhecimento do bem e do mal".

Só na zona da consciência e liberdade é que é possível haver seres existencialmente bons ou maus. Mas mesmo os seres existencialmente maus não deixam de ser essencialmente bons, isto é, continua a estar neles a essência divina, sem a qual nada existe, embora a existência humana (ou angélica) desses seres não se ache harmonizada com essa essência divina — e essa desarmonia existencial é o "pecado" desses seres, pecado que, quando plenamente consciente e estabilizado, se chama "inferno" ou "estado inferior".

O pecado é um inferno inconsciente — o inferno é um pecado consciente.

Na experiência dessa profunda e inextirpável imanência do Criador em todas as criaturas, sobretudo no homem, é que se baseia toda a religião de caráter profético-místico, que em Jesus de Nazaré celebra o seu mais puro triunfo.

Por outro lado, temos a linha sacerdotal-organizatória, o legalismo eclesiástico, que é, de preferência, dualista e transcendentalista, e teve em Moisés, ou talvez melhor, na interpretação rabínica da sinagoga, o seu mais típico representante. O dualismo transcendental adora um Deus ausente, longínquo, e vê nesse Deus uma espécie de indivíduo ou pessoa. Como indivíduo ou pessoa, é claro, não pode Deus ser a alma ou essência do universo; não pode estar onipresente ou imanente em todas as coisas: seria um ser, não só distinto, senão também separado do mundo, assim como o artífice é separado do seu artefato.

Para o dualista transcendental, o mundo é uma criação de Deus, e esse Deus criador é a causa externa da sua criatura.

Para o monista imanentista é o mundo uma emanação ou irradiação de Deus, e esse Deus emanador é a causa interna da sua emanação.

Para o dualista, Deus criou o mundo do *Nada* (*ex nihilo*), o mundo é um aumento do Irreal. Para o monista, Deus criou o mundo do *Todo*, o mundo é uma diminuição do Real, é um "Realizado", equidistante do Real e do Irreal, o mundo é um Algo entre o Todo e o Nada. Para aquele, o mundo só foi criado por Deus, mas não de Deus — para este, o mundo foi feito por Deus e de Deus, assim como o pensamento é feito pelo pensador e da própria substância do pensador; o pensador é *causa eficiente* e *causa material* do seu pensamento. O mundo é o pensamento de Deus. Ele está em Deus, e Deus está nele. Há distinção, mas não há separação, nem identidade entre Deus e o mundo.

Os dualistas transcendentalistas, que não compreendem os monistas imanentistas, tacham-nos de "panteístas", quando, na realidade, eles são monistas, universalistas, ou, como se diz modernamente, "panenteístas" ("tudo em Deus", "Deus em tudo").

O dualista *separa* Deus e o mundo.
O panteísta *identifica* Deus com o mundo.
O monista (panenteísta) *distingue* Deus e o mundo, mantendo-se equidistante do erro dos dois primeiros.

Se Deus e o mundo fossem coisas separadas, o mundo seria irreal, porque nenhum ser pode existir realmente quando separado da única Realidade, que é Deus.

Se Deus e o mundo fossem idênticos, o mundo seria Deus, o homem também seria Deus, e assim pereceria a autonomia, a responsabilidade ética da criatura livre; ninguém seria responsável por seus pecados nem por suas virtudes, porque quem no homem praticaria o bem e o mal seria o próprio Deus.

É isso que nos diz a lógica mais pura e autêntica.

* * *

Até no 4º século antes da era cristã, prevalecia em Israel o espírito profético-místico; mas desapareceu com a morte do último dos profetas antigos, Malaquias. A partir dessa data, os sacerdotes tomaram nas mãos o destino da nação e da religião em Israel. E Israel se foi tomando legalista, esperando a salvação de fora, do impacto ritual da lei de Moisés, da observância cerimonial das prescrições e proibições da sinagoga sacerdotalista. Todas as censuras que Jesus lança aos chefes espirituais de Israel vão nessa direção — "Ai de vós, guias cegos, guiando outros cegos!... Ai de vós, que roubastes a chave do conhecimento do reino de Deus!... Ai de vós, sepulcros caiados, belos por fora e cheios de podridão por dentro!... Ai de vós, que limpais o prato por fora, e não por dentro!... Ai de vós, que devorais as casas das viúvas e dos órfãos, a pretexto de longas orações!..." "O reino de Deus não vem com observâncias — o reino de Deus está dentro de vós."

Quando Jesus apareceu, reatando a linha profética-mística e elevando-a ao mais alto triunfo, estava Israel quase totalmente subjugado pelo espírito sacerdotal-legalista, e por isso um Messias espiritual não foi reconhecido pelos que só aguardavam um Messias político, que os libertasse do jugo romano, e não da escravidão do pecado. Jesus, que proclamava a verdade fundamental de toda a religião profética e mística, "o reino de Deus está dentro de vós", foi crucificado pelos adeptos do dualismo transcendental, que só conheciam uma redenção de fora, pelo impacto da lei. A sinagoga dualista assassinou o mais antidualista de seus profetas. Os sacerdotes fizeram morrer o profeta místico por excelência, porque era para eles o maior dos hereges — "blasfemou, fazendo-se filho de Deus!"

O Sermão da Montanha é por todos reconhecido como a quintessência do Evangelho, a alma do Cristianismo em toda a sua plenitude e genuinidade. Ora, o Sermão da Montanha é 100% profético-místico, e nada sacerdotal-legalista. Desde a primeira até a última palavra, frisa o Nazareno a redenção do homem "de dentro"; o homem se *redime* de dentro, e não é *remido* de fora. Redime-se pela "pobreza em espírito", pela "pureza do coração", pelo fato de ser "pacificador", "manso", "misericordioso", "sofrer perseguição pela justiça" — dele é o reino dos céus, ele verá a Deus, ele será chamado filho de Deus, ele é um "bem-aventurado", porque realizou em si o reino de Deus.

Não ocorre, no Sermão da Montanha, uma única palavra que justifique a ideia da redenção do homem por fator externo, fora dele; cada palavra afirma a redenção vinda de dentro do homem.

Podemos proclamar afoitamente que o Sermão da Montanha é o mais completo programa e a maior apoteose da autorredenção ou autorrealização; e, se é verdade que o Sermão da Montanha é a alma do Cristianismo, então a autorredenção é a quintessência dos ensinamentos do Nazareno.

Por aí se compreende a razão por que Gandhi votava tamanha admiração e tão ardente entusiasmo ao Sermão da Montanha, em que encontrou a alma de toda a religião.

Os dualistas repelem, indignados, essa ideia da "autorredenção" como detestável "pelagianismo", ideia que lhes parece perigoso luciferismo e orgulho mental. Se eu me redimo a mim mesmo, então sou eu mesmo o meu redentor; a redenção é obra minha — eu sou Deus, eu sou Redentor.

Esse aparente absurdo e revoltante blasfêmia são filhos duma deplorável confusão de ideias. É evidente que ninguém poderia ser redentor de si mesmo, se o redentor e o redento fossem totalmente o mesmo ser.

Mas, felizmente, não é isso que acontece na autorredenção. Um redime e outro é redimido.

Há em cada um de nós o ego, e há o EU — o ego humano e o EU divino.

Quem peca é o nosso ego humano, que se toma consciente na inteligência; quem nos redime é o nosso EU divino, o Cristo em nós, o "espírito de Deus que habita em nós". Se o ego se arvorasse em redentor do ego, teríamos um círculo vicioso, e não haveria redenção. Enquanto o homem labora na tradicional confusão, não distinguindo o ego humano do EU divino, é claro que deve detestar de todo o coração a ideia duma autorredenção, que seria ego-redenção, e jamais compreenderá o que Cristo quis dizer com as palavras "o reino de Deus está dentro de vós", e todos os místicos, dentro e fora do Cristianismo, lhe serão outros tantos enigmas, ou então hereges, porque todos eles se guiam pela mesma verdade fundamental, da imanência de Deus no homem e em todas as coisas.

O meu ego é o corpo, a mente e as emoções, a minha pessoa (*persona*) ou personalidade — o meu EU é a minha alma, a minha divina individualidade.

Eu *sou* o EU — eu *tenho* o ego.

Eu sou a minha alma — que tem corpo, mente, emoções.

O que em mim peca é aquilo que eu tenho, mas o que me redime é aquilo que eu sou.

* * *

Mahatma Gandhi, como os iniciados orientais em geral, possuía apurado senso místico. A Índia, com uma cultura espiritual duas vezes mais antiga que o Cristianismo ocidental, não podia confundir o seu externo ego com o seu interno EU; mas os missionários cristãos eram dualistas, e o são ainda

— salvo raríssimas exceções — e não podiam compreender o último porquê dessa recusa de Gandhi em face das suas reiteradas tentativas de "conversão".

O rev. Stanley Jones, que conviveu decênios com Gandhi, confessa abertamente que o gentio indiano era muito mais cristão do que ele, o teólogo cristão.

Nós, em nossa linguagem filosófica de alta precisão, diríamos que Gandhi era crístico sem ser cristão, ao passo que os teólogos ocidentais eram, em geral, mais cristãos que crísticos. Não interessava a Gandhi ser cristão, interessava-lhe, e muitíssimo, ser crístico. Por isso, opõe ele a todas as tentativas dos teólogos cristãos a constante resposta: "Aceito Cristo e seu Evangelho — mas não aceito o vosso Cristianismo".

Para ele, o verdadeiro Cristianismo não era uma igreja, um credo, uma sociedade dogmática, mas sim uma vida ética inspirada em experiência mística.

Gandhi não podia identificar a mensagem de Cristo com ritualismos sacramentais nem dogmatismos bíblicos, a que os teólogos cristãos, católicos e protestantes, tentavam convertê-lo; o seu cristianismo não consistia na crença vaga de um Deus longínquo e póstumo, mas sim na experiência dinâmica de um Deus presente, aqui e agora; na profunda mística vertical da paternidade única de Deus manifestada na vasta ética horizontal da fraternidade universal dos homens. Nesses dois mandamentos consistem, segundo Cristo, "toda a Lei e os profetas", isto é, toda a vida individual (profética-mística) do homem, e toda a vida social (legal e coletiva) da humanidade.

Essa cristicidade de Gandhi eclipsa todos os cristianismos dos cristãos, como confessa o missionário Stanley Jones: "Aproximei-me de Gandhi para convertê-lo ao meu cristianismo, mas verifiquei que ele era mais crístico do que eu, não era apenas cristão; eu tinha estudado teologia cristã, mas Gandhi tinha vivido a própria cristicidade".

É fora de dúvida que, mais dia menos dia — talvez daqui a mais vinte séculos — o Cristianismo deixará de ser interpretado como é, hoje em dia, pelas igrejas organizadas; Cristo deixará de ser considerado como um talentoso teólogo e hábil codificador de preceitos e proibições. E então alguém, revolvendo velhos escritos no desvão de alguma biblioteca ou museu do século 20, descobrirá que, já nesse tempo, vivia na Ásia um homem que tinha de Cristo noção mais exata e autêntica do que os teólogos oficiais das igrejas organizadas.

Mahatma Gandhi — o pagão crístico que não aceitou o Cristianismo eclesiástico.

Capítulo 11

TEOLOGIA CRISTÃ OU VIVÊNCIA CRÍSTICA?

Dizem certos autores ocidentais que Mahatma Gandhi não aceitou o Cristianismo porque recusou os elementos básicos do Cristianismo, como sejam os sacramentos e os dogmas.

Com essa objeção, passam esses eruditos teólogos a si mesmos o atestado de um total ou parcial analfabetismo em matéria de espírito do Cristo e seu Evangelho.

Negamos, com Gandhi, que *sacramentos* e *dogmas* sejam a essência do verdadeiro Cristianismo.

Sacramentos são símbolos externos que significam e conferem um simbolizado interno (graça) e, segundo afirma o Catecismo, foram instituídos por Jesus Cristo.

Até ao século 16 admitia a igreja cristã mais de uma dezena de sacramentos, inclusive o "lava-pés"; mas o Concílio de Trento, enfrentando o nascente Protestantismo, se viu obrigado a precisar melhor o número e caráter dos sacramentos, acabando por reduzi-los a sete.

Algumas igrejas protestantes têm dois, outras apenas um sacramento, outras nenhum.

A palavra latina *sacramentum* é derivada de *sacrum*, e esta vem do sânscrito *sak*, que quer dizer segregado ou também "oculto", não acessível ao homem profano, ao esotérico, mas tão somente ao exotérico. Profano ou exotérico é aquele que só desenvolveu o plano horizontal dos sentidos e do intelecto; iniciado ou esotérico é aquele que despertou em si a faculdade central e divina da razão ou espírito.

O jovem Gandhi, quando estudante de Direito, em Londres.

A palavra grega correspondente à latina *"sacramentum"* é *"mystérion"* derivado de *"mystés"*, que quer dizer "oculto". *Sacramentum* ou *mystérion* é, pois, algo intangível como um tabu, algo luminoso, divino, oculto, proibido ao homem profano; é algo que está para além das utilidades comuns da vida cotidiana, oculto na linha vertical do grande Além.

Nesse sentido, existe, no Evangelho de Cristo, um único e supremo sacramento ou mistério — o mistério do reino de Deus. Diz ele a seus discípulos: "A vós vos é dado conhecer os mistérios do reino de Deus — enquanto ao povo só lhes falo em parábolas".

Aqui, o divino Mestre faz oposição entre *sacramento* e *parábola*.

Esta é para os esotéricos, aquele para os exotéricos.

Aquela mostra a Verdade indiretamente, de um modo incerto e obscuro; "em espelho e enigma", no dizer de Paulo; ao passo que o sacramento a revela claramente, "face a face". A parábola faz adivinhar longinquamente a Verdade o sacramento a faz intuir propinquamente.

Como se vê, o que a nossa teologia apelida de sacramento é precisamente aquilo que no Evangelho se chama parábola.

Parábolas são todos os ritos, todas as cerimônias, todas as fórmulas, todos os gestos, todos os símbolos, todos os mantras. Mas, onde termina o símbolo e a parábola, aí começa o simbolizado, o sacramento.

Mas o sacramento só atua na alma humana na razão direta da receptividade que ela possui. O sacramento é graça, e atua de graça — porém não arbitrariamente. A receptividade do homem, embora não seja causa da graça, é, contudo, indispensável como condição para que a causa possa agir.

Quem, como Gandhi, assimilou plenamente o espírito do Sermão da Montanha, não pode crer na ação automática — *ex opere operato* — de um fator externo. Em última análise, é o EU divino no homem que promove a redenção do ego humano — *ex opere operantis*. O Deus do Universo é idêntico ao Deus da alma. O Cristo eterno é o Cristo interno.

Mas... isso supõe uma experiência profunda, uma mística abismal, que poucos possuem. E, por isso mesmo, os muitos inexperientes não podem compreender os poucos experientes — e o Mahatma era um dos poucos...

Gandhi, objetam os teólogos, não aceitava os dogmas do Cristianismo.

Pergunta-se: Que dogmas? De que cristianismo? Do Cristo ou dos cristãos?

Dogma, segundo a teologia ocidental, é uma verdade revelada por Deus, que o homem deve aceitar, embora não a possa compreender.

Essa definição, como tantas outras, baseia-se numa noção confusa e incompleta da natureza humana.

Que é "revelar"? Que é "compreender"?

Quando Deus se revela ao homem, quando o Infinito se manifesta ao finito — que é que acontece? Poderá este compreender aquele?

Afinal de contas, que quer dizer "compreender"?

Em virtude do próprio vocábulo composto, "compreender" significa "prender plenamente", ou seja, "abranger totalmente", "abraçar em sua plenitude".

Será possível que algum ser finito, limitado, abranja totalmente o Ser Infinito, Ilimitado? Que o pequeno encerre o Grande? Que o individual apreenda plenamente o Universal? Não seria isso uma contradição em termos? Um contrasenso lógico e matemático?

Nenhuma revelação divina pode ser compreendida pelo homem, isto é, pelo homem-ego, pelo homem-finito, pelo homem-físico-mental.

Nunca nenhum cientista compreendeu, pelo poder da inteligência, o que é a Vida duma planta, o Instinto dum inseto, o Intelecto de um homem, o Espírito de um anjo, uma vez que o compreensor é menor que o compreendido, ou melhor, que o incompreendido é incompreensível. O Infinito compreendido pelo finito deixaria de ser Infinito — a não ser que o finito se tornasse Infinito. Só o Infinito compreende o Infinito. Só Deus compreende a Deus.

"Revelar" significa literalmente "correr o véu", "desvendar", "desencobrir" o que estava encoberto. Mas, toda a "revelação" é necessariamente uma "velação". Diz muito bem a filosofia oriental que, quando Maya (a natureza) *revela* a Brahman (Deus), ela, ao mesmo tempo, o vela; quando o finito manifesta o Infinito também o oculta porque essa revelação ou manifestação do Infinito pelo finito é tão precária e imperfeita que mais equivale a um *encobrimento* do que a um *desencobrimento,* mais a uma *velação* do que a uma *revelação*. E servem-se os filósofos do Oriente duma engenhosa comparação: Deus se revela e vela na natureza assim como a aranha se manifesta e se oculta por sua teia; pois esse mesmo produto do aracnídeo serve para revelar e para velar o produtor. Assim, toda a criatura manifesta e oculta seu Criador.

A razão dessa impossibilidade de o Infinito se revelar adequadamente no finito é óbvia, uma vez que o Infinito é pura *qualidade* intensiva, ao passo que todos os finitos são *quantidades* extensivas; ora, é intrinsecamente impossível, porque contraditório, que a ilimitada qualidade seja adequadamente manifestada por quantidades limitadas, por maior que seja o número destas; pois a qualidade infinita não é a soma total das quantidades finitas. O Infinito está numa outra "dimensão", ou melhor, está fora de todas as dimensões e fora das durações, fora de espaço e tempo; é "indimensional" e "induracional" — está, por assim dizer, na zero-dimensão e na zeroduração, uma vez que tempo e espaço são puras ilusões, criações subjetivas dos sentidos e da mente.

Dizer que Gandhi não aceitava a revelação de Deus é absurdo. Toda a vida e todos os escritos dele estão repletos de confissões dessa aceitação.

Nenhum homem-ego pode compreender a Deus — mas o homem-EU pode sentir, intuir e viver o que é Deus. A certeza sobre Deus não vem de provas ou demonstrações engendradas pelo homem-ego, mas vem da experiência íntima do homem-EU, do elemento divino no homem. Mas o que o homem vive nas divinas profundezas de sua alma não é objeto de verbalização, nem sequer de mentalização. Tudo que o homem pode verbalizar ou mentalizar é tão pequeno como o ego do homem — mas o que ele pode viver no silencioso e anônimo abismo do seu espírito, isto é grande como o EU divino do homem.

Gandhi aceitava a revelação do Deus interno, pela intuição mística.

A teologia ocidental está marcando passo no plano intelectual-escolástico, incapaz de transpor a fronteira invisível que medeia entre o processo analítico da inteligência e o processo intuitivo da razão. No plano horizontal da Inteligência, certas verdades espirituais parecem contraditórias e ilógicas — mas, no plano vertical da Razão, essas mesmas verdades são perfeitamente lógicas. O Sermão da Montanha, por exemplo, é a quintessência do ilogismo intelectual — mas é a culminância da lógica espiritual. Amar os inimigos, fazer bem aos que nos fazem mal, não reclamar o que é nosso, não pagar olho por olho, dente por dente — é sumamente anti-intelectual, antiegoístico, mas é altamente espiritual e altruístico.

Há uma lógica do ego mental — e há uma lógica do EU espiritual.

Esperar que um homem de profunda experiência espiritual, como Gandhi, encampasse os dogmas escolásticos do pecado original, da redenção pelo sangue, do céu e do inferno como lugares, da trindade, etc., seria o mesmo que exigir de um gigante que vestisse as roupas de um pigmeu.

Desde os princípios do 4º século, como já lembramos, começou a igreja cristã a especular sobre as grandes verdades do Cristianismo, promulgando os resultados das suas lucubrações. O século 13 marca o apogeu do escolasticismo, personificado em Tomás de Aquino, que, em sua teologia, seguiu as pegadas do filósofo intelectualista Aristóteles, rejeitando, em grande parte, o gênio intuitivo de Platão. A filosofia platônica ou neoplatônica não oferecia subestrutura idônea para a estruturação de um poderoso sistema hierárquico, de que a nascente igreja tinha clamorosa necessidade, em face do avanço e da multiformidade das "heresias" da época. Somente a filosofia aristotélica oferecia base conveniente para uma hierarquia coesa e forte. Os chefes eclesiásticos abandonaram a filosofia intuitivaracional dos platônicos atenienses e dos neoplatônicos alexandrinos, e adotaram as especulações analítico-intelectuais do Estagirita.

Todos os místicos, porém, dentro e fora do Cristianismo, continuam a praticar platonismo ou neoplatonismo, embora talvez nada saibam dessas palavras. Nem Platão nem Aristóteles inventaram uma filosofia; serviram apenas de catalisadores de certos pensamentos que andavam difusos na atmosfera da humanidade de todos os tempos e países, e lhes deram forma concreta em determinados sistemas. Por isso, dizia Sócrates, mestre de Platão, que ele se considerava apenas como um "parteiro", isto é, como alguém que ajuda a prole (o pensamento) a nascer, mas que não dá vida a essa prole.

Todos os grandes pensadores, antigos e modernos, sobretudo os do antigo Egito (Hermes Trismegistus) e da Índia (os autores anônimos dos *Vedas* e da *Bhagavad Gita*) pensam platônica ou neoplatonicamente — como também acontece com todos os grandes movimentos modernos, de espiritualidade independente. A corrente platônica é, por assim dizer, subterrânea, não oficial — ao passo que a corrente aristotélica goza das honras do oficialismo burocrático dentro das sociedades eclesiásticas organizadas.

Gandhi, como genuíno oriental, não podia destoar desta ideologia.

* * *

Outro ponto vulnerável entre a ideologia de Gandhi e as teologias ocidentais é o conceito da redenção que, no setor eclesiástico, está baseada no dogma do sangue de Jesus derramado pelos nossos pecados. Como poderia Gandhi, visceralmente infenso à ideia de derramamento de sangue humano e adepto intransigente da não violência em geral (*ahimsa*), como podia ele ver nessa sanguinolenta violência do Gólgota o mistério da nossa redenção? Como poderiam cinco litros de hemoglobina, criminosamente derramados por homens pecadores, constituir a base da redenção do gênero humano? E como poderia o ato de um terceiro purificar as impurezas de milhões de homens, a maior parte dos quais ignoravam, e continuam a ignorar, até a simples existência desse redentor? Como poderia Gandhi admitir esse automatismo redentor, quando todo o seu conceito de redenção radicava na pura espirituralidade do Sermão da Montanha, que ignora totalmente esse canibalismo teológico, mas faz depender toda a redenção do amor e do sofrimento voluntário? No Sermão da Montanha, sem dúvida o mais alto documento de espiritualidade, a libertação do *ego pecador* (Lúcifer) vem do EU redentor (Cristo); a redenção do homem vem de dentro do próprio homem, não do homem físico-mental-emocional, que é pecador, mas do homem racional-espiritual, que é redentor.

A morte de Jesus é um símbolo de seu amor; quem redime é o amor; o sangue, a morte, não passam de *símbolos* externos de um *simbolizado* interno; aqueles são materiais, este é espiritual. Toda a doutrina de Jesus está baseada e focalizada na ideia da redenção pelo amor; mas, como nenhum amor é possível, no mundo atual de densidade material, sem a dor, o sofrimento, o aniquilamento, a morte, é natural que a redenção venha inseparavelmente vinculada à morte ou ao derramamento de sangue. Aliás, em todas as grandes religiões da humanidade, a mística, a iniciação esotérica, vem invariavelmente ligada à ideia da morte. Quem se recusa a morrer não pode viver! "Se o grão de trigo (ego) não morrer, ficará estéril, mas se morrer, produzirá muito fruto (EU)." "Quem perder a sua vida (ego) ganhá-la-á (EU)." "Eu morro todos os dias (ego), e é por isso que vivo, mas já não sou eu que vivo — o Cristo (EU) é que vive em mim." Para que o EU crístico possa viver plenamente em mim deve o ego luciférico perecer, isso é, integrar-se totalmente naquele.

Os teólogos, confundindo símbolo e simbolizado, material e espiritual, fizeram consistir a redenção no derramamento do sangue físico — como se uma causa material pudesse produzir um efeito espiritual!

Como poderia Gandhi praticar semelhante involução, descendo das alturas da mística espiritual intensamente vivida para as baixadas da escolástica mental apenas extensamente excogitada?

Gandhi não pôde tornar-se cristão — porque era crístico.

Se aceitasse o nosso Cristianismo teria de renegar Cristo.

Se abraçasse a nossa teologia teria de apostatar do Evangelho.

A nossa teologia cristã, escreve Schweitzer, elaborou um soro; e os homens vacinados com esse soro da nossa teologia cristã são imunizados contra o espírito de Cristo.

Gandhi não fora imunizado contra o espírito de Cristo pelo soro da teologia cristã — era sumamente alérgico a esse espírito.

Era tão sinceramente crístico que não se tornou cristão...

Gandhi e seus funcionários no escritório de advocacia,
Johannesburgo, 1913

Capítulo 12

GANDHI E A
ABSTENÇÃO SEXUAL

Em todos os tempos e países foi a abstenção sexual objeto de controvérsias; é ela fonte de doenças físicas ou mentais — ou o elixir de grande espiritualidade?

O que, à primeira vista, parece desconcertante e antagônico, é, na verdade, perfeitamente harmonizável: é fora de dúvida que as forças genéticas, quer no homem, quer na mulher, quando desviadas do seu curso habitual, podem causar grandes males — e podem também produzir grandes bens. Uma torrente impetuosa, transbordando do seu leito natural, pode devastar largas zonas em derredor — mas, quando habilmente canalizada, pode também irrigar e fertilizar desertos, ou então mover turbinas, produzir força e luz e assim beneficiar populações inteiras.

Onde não há diferença de nível não há potencial energético; as águas plácidas de um lago não movem máquinas nem irrigam plantações; para haver movimento deve haver diferença de nível, "caimento", como diz o homem do povo.

Ora, é sabido que entre as forças instintivas do ser humano ocupa Eros a primeira plana. Sendo que da atuação das forças genéticas depende a existência do gênero humano, e, como a natureza quer imperiosamente a continuação da nossa raça, pôs ela ao lado do necessário o prazeroso. Se a atuação das forças procriadoras obedecesse a um simples imperativo categórico do "dever", é certo que, desde há muito, teria deixado de existir a humanidade sobre a face da terra; mas, como esse "dever biogenético" vem acompanhado de um "prazer erótico", não há perigo que a humanidade se extinga, a não ser em virtude de processos desnaturais que dissociem uma coisa da outra, processos esses que marcam, invariavelmente, a decadência dos povos. A delícia do prazer garante o cumprimento do dever! Tudo que é fácil e deleitoso tem garantia de continuação e perpetuidade; o que é difícil e penoso não tem, *de per si*, garantia de continuidade; pode falhar, ser omitido, adiado, esquecido, preterido, deixado para "tempos melhores".

O que o comer e beber é para o indivíduo, isto é o prazer sexual para a espécie.

Ora, reprimir o impulso sexual sem lhe dar um equivalente em outro terreno, é, na pessoa normal, perigoso e não raro catastrófico. Um impulso violentamente recalcado procura manifestar-se em outra forma — assim como uma torrente represada tem a tendência de procurar escoamento por outra parte, quando não consegue solapar e arrasar diques e barreiras.

De maneira que o importante está em dar a Eros um equivalente compensador. Também aqui vale a grande lei "tudo se transforma". A energia sexual é uma "força excedente", que, na sua função exócrina, não se destina ao próprio indivíduo, mas visa à criação de outros indivíduos e é, como tal, uma energia transcendente e criadora.

Mas, em vez de se limitar a criar indivíduos físicos, fora do indivíduo criador, pode também criar realidades metafísicas dentro do mesmo. Em vez de multiplicar transcendentalmente, pode potencializar imanentemente.

Em última análise, que é a erótica?

Por mais paradoxal que a muitos pareça, a *erótica* tem a mesma base última que a *mística*. São o desejo da *imortalidade*, da vida eterna. Todo indivíduo, uma vez existente, quer existir para sempre e se defende, com todas as forças, contra a inexistência ou extinção. Mas, como o indivíduo sente instintivamente — e isso precisamente no apogeu da sua vitalidade — que não pode viver eternamente como indivíduo, procura viver eternamente como espécie; o desejo da imortalidade individual é substituído pelo desejo da imortalidade racial; pois, pelo ato sexual, o indivíduo, em certo sentido, transmite a sua vida a outro indivíduo, que, após a morte do transmitente, continua a viver em lugar dele. Esse processo representa, por assim dizer, uma "imortalidade em prestações", sucessiva, uma vez que a "imortalidade à vista", toda simultânea, não é possível ao indivíduo comum. A imortalidade racial, na horizontal, que se prende ao ato erótico, é a mais baixa forma da mística — e esta, atingindo as alturas da vertical, é a mais remontada forma da erótica.

Tanto na erótica como na mística, prevalece o desejo de *integração*, de regresso a um Todo; na erótica, um indivíduo (masculino) procura integrar-se em outro indivíduo (feminino); na mística, há a tendência da integração do indivíduo no Universal, do finito no Infinito, da criatura no Criador. Do fato de nunca ser possível uma verdadeira integração do indivíduo finito em outro indivíduo finito, de um ser humano em outro ser humano, resulta necessariamente uma satisfação incompleta, ou até uma grande insatisfação. Por outro lado, a integração do indivíduo finito no Universal Infinito, do homem em Deus, é possível, e por isso, quem a consegue, goza da mais alta e perfeita beatitude.

Por mais que talvez escandalize aos inexperientes, o fato é que há uma afinidade oculta e esotérica entre mística e erótica — tanto assim que toda a mística da humanidade, tanto bíblica como extrabíblica (haja vista o "Cântico dos Cânticos"!) aparece invariavelmente em roupagens ou terminologia erótica. O próprio Nazareno se serve dessa linguagem.

A erótica é, a bem dizer, a mística da carne — assim como a mística é a erótica do espírito. Aqui, o entusiasmo do espírito; acolá, o orgasmo da carne.

Enquanto as forças serpentinas de *kundalini* (falamos aos iniciados) rastejarem no plano horizontal da inexperiência, desenvolve o homem o máximo da sua erótica sexual e da sua magia mental, intimamente relacionadas — mas, quando essas forças criadoras do subconsciente e do consciente atingirem as alturas do superconsciente, então o Lúcifer se prostra aos pés de Logos e entra na zona esotérica da mística, e, ultrapassando essa zona, invade os domínios do universo crístico...

A *água* é, por sua natureza, horizontal, como a serpente rastejante — mas a *luz* é essencialmente vertical, como a serpente erguida às alturas.

"Quem puder compreendê-lo, compreenda-o!"

Capítulo 13

"AINDA NÃO ME LIBERTEI DE MIM MESMO"

Aos 37 anos de idade estava Gandhi no auge da sua campanha política que visava à libertação da Índia, de cento e cinquenta anos de dominação estrangeira. Havia aperfeiçoado ao máximo as duas armas secretas do seu espírito: *ahimsa* (não violência) e *satyagraha* (apego à verdade).

Um dia, em plena campanha de libertação da Índia, foi Gandhi interrogado por sua esposa sobre o estado dessa campanha, pela qual também ela se interessava vivamente.

Gandhi permaneceu calado e pensativo. Finalmente, respondeu, dizendo:

— Libertação da Índia? Mas se eu nem me libertei a mim mesmo, como vou libertar centenas de milhões de meus patrícios do domínio britânico?

— Como? — estranhou Kasturbai — Não te libertaste?

— Não me libertei ainda da escravidão de mim mesmo...

Depois de algum tempo, prosseguiu Gandhi:

— Nós temos quatro filhos, e não temos intenção de ter mais. E por que continuamos a viver como marido e mulher? Só para satisfazer a nossa libido sexual? E a isso chamamos amor?... Enquanto eu não me libertar da minha libido sexual não tenho esperança de libertar a Índia da tirania dos ingleses. Estou mentindo a mim mesmo e a todo mundo. Sou um covarde...

— E que pretendes fazer? — perguntou Kasturbai.

— Que tal se, daqui por diante, vivêssemos como irmão e irmã? Não convém divorciar-nos para não escandalizar o

Gandhi e sua esposa Kasturbai, após seu retorno da África do Sul, 1915.

povo. Mas poderíamos continuar a viver sob o mesmo teto como irmão e irmã.

Kasturbai concordou plenamente com a ideia do marido, dizendo que, havia tempo, pensava o mesmo, mas não tivera a coragem de dizê-lo. Esta conversa se deu quando Gandhi tinha 37 anos, ainda em plena virilidade. Fez o voto de *brahmacharya,* como os indianos chamam a abstenção sexual.

Mas, como o próprio Gandhi confessa candidamente, na autobiografia, não foi capaz de cumprir o seu voto durante três anos. Homem eminentemente libidinoso, sucumbiu à tirania da carne. Só dos 40 anos em diante foi fiel ao seu voto de *brahmacharya,* e guardou abstenção sexual voluntária durante os restantes trinta e nove anos de sua vida.

O homem profano é incapaz de compreender essa atitude do Mahatma. Mas todos os clarividentes e iniciados sabem que vigora misterioso paralelismo entre erótica e mística, entre a *kundalini* corporal e a *kundalini* espiritual.

Kundala é a palavra sânscrita que, na forma personificada *kundalini,* significa a vitalidade básica de todo o ser vivo. Essa vitalidade é essencialmente una e única, mas pode manifestar-se de diversos modos e assumir formas várias. A vitalidade erótica pode sublimar-se em vitalidade mística. A mística da carne pode transformar-se na erótica do espírito. O orgasmo sexual pode culminar em entusiasmo espiritual, como expliquei no segundo capítulo do meu livro *Sabedoria das Parábolas,* ao tratar da festa nupcial. Todos os livros sacros revestem a mística espiritual de roupagens de erótica sexual, não só o "Cântico dos Cânticos", de Salomão, mas também o Evangelho de Cristo.

Disso sabia Gandhi e, como necessitava da mais alta voltagem espiritual para libertar a Índia pelo amor da alma, e não pelo ódio das armas, resolveu potencializar ao máximo a sua vitalidade carnal em vitalidade espiritual.

A natureza pôs o prazer sexual como garantia da perpetuação da vida individual da espécie e, como meio para esse fim, é a libido um fator cósmico justificável. Mas, quando ela deixa de ser um meio e se torna um fim em si mesmo, o prazer se torna anticósmico e desfavorece a evolução superior do homem.

Esse mesmo fenômeno ocorre em todos os setores da natureza, como no comer e no beber, que estão a serviço da conservação do homem individual, e como tais, o gosto de comer e beber é bom. Mas, quando o homem faz do comer e do beber um fim em si mesmo, adultera a sua finalidade e os torna maus e anticósmicos, como são a gula e a bebedeira.

Gandhi compreendeu esse caráter antievolutivo da libido como fim e, por amor à sua evolução superior, praticou abstenção a partir dos 40 anos.

E assim, na meia-noite de 14 de agosto de 1947, foi proclamada a Independência Nacional da Índia pelo último governador britânico, Mr. Mountbatten. Gandhi, porém, que batalhara meio século por essa libertação, não assistiu à festa da declaração da independência; andava do outro lado da Índia, construindo casas para os pobres e pacificando hindus e muçulmanos.

Quem se libertou interiormente não necessita celebrar festas de libertação exterior. Assim são os grandes heróis da humanidade.

O século 20 não tem necessidade de procurar santos na idade média, nas cavernas do Himalaia ou nos desertos da Tebaida — os santos modernos andam nas ruas e praças e falam em congressos políticos internacionais.

Capítulo 14

GANDHI NA EUROPA

Em 1931 visitou Gandhi a Europa. Percorreu numerosas cidades, acompanhado de alguns de seus amigos indianos e europeus, sempre descalço e envolto apenas num pedaço de pano de algodão branco, que lhe cobria parte do corpo. Mesmo nos palácios dos reis e potentados políticos, não mudou de hábito. Apenas no Vaticano não teve ingresso, porque seu traje não era de rigor, nada parecido com o daquele que se diz representante do Nazareno, o qual não tinha "onde reclinar a cabeça". O mirrado homenzinho, líder político e espiritual de centenas de milhões de indianos, havia feito o voto de se contentar com o mínimo de alimento e vestuário, enquanto houvesse ainda no mundo um único ser humano que sofresse fome e frio.

Na Suíça, à margem do lago de Genebra, hospedou-se em casa do grande escritor francês Romain Rolland, sem desdizer da sua sobriedade e simplicidade.

Costumava levantar-se às 3 horas da madrugada. A partir das 4 horas recebia visitas de amigos sintonizados com ele; todos se sentavam no chão, apagavam a luz e entravam em profunda meditação, que se prolongava, geralmente, até às 5, por vezes até às 6 horas.

O homem ocidental não compreende, em geral, o porquê dessa hora de silêncio e interioridade; parece-lhe tempo perdido. De fato, não o pode compreender, enquanto não mudar de perspectiva, descobrindo a realidade das coisas para além

Gandhi e Kasturbai durante sua primeira visita a Madra, 1915.

das suas aparências externas. Estamos habituados a atribuir o resultado dos nossos atos à maior ou menor atividade, ao grau da nossa inteligência ou astúcia. Manobramos no plano horizontal, objetivo, onde impera, soberana, a lei férrea de causa e efeito, e cometemos o erro tradicional de aplicar essa lei à zona vertical, subjetiva, onde ela não existe nem funciona, porque essa é a zona da liberdade, do espírito, que desconhece totalmente a lei da matéria.

Os iniciados sabem que não existe esse suposto paralelismo mecânico entre causa e efeito, quando se trata do mundo imaterial. O efeito espiritual não corresponde servilmente ao grau do nosso esforço físico-mental. Esse esforço é necessário, sim, como condição prévia, mas não como causa produtora do efeito, que, por isso mesmo, não é verdadeiro efeito, mas antes uma dádiva, uma graça, um carisma do Infinito. No mundo espiritual impera a liberdade, que é o contrário da causalidade. O nosso esforço é necessário para criar em nós a receptividade, sem a qual a graça não atua. O mundo espiritual é uma *Hierarquia Cósmica*, e não uma *Democracia Telúrica*. Na Hierarquia Cósmica do Universo espiritual, nenhuma criatura tem "direitos" em face do Criador, que não tem "obrigações"; nesse mundo não há merecimento, mas impera soberanamente a graça. Merecimento supõe causalidade, graça é indício de liberdade.

É sobretudo pelo silêncio dinâmico e pela meditação que o homem cria em si a necessária receptividade para que a ele venha a graça. O homem, quando desce ao ínfimo nadir da sua ego-consciência, sente em si a certeza de que há uma grande plenitude, que está à espera dele e que vai jorrar para dentro da vacuidade do ego. O impacto da invasão dessa plenitude espiritual para dentro da vacuidade físico-mental é proporcional ao grau do esvaziamento do ego.

Essa atitude de vacuidade é uma espécie de silencioso clamor da alma, uma ansiosa expectativa, uma tácita interrogação de horizontes longínquos e prenhes de riquezas, uma amorosa invocação de invisíveis potências, que a alma conhece intuitivamente, mas que a inteligência ignora...

Quem nunca se sentiu sofrido de Deus e dilacerado em

seu próprio ego não compreende *o quê, o porquê*, e *o como* dessa silenciosa auscultação do Infinito, que se chama meditação ou contemplação.

Pode-se aferir a verdadeira grandeza do homem pela necessidade que ele tem de entrar nessa comunhão com Deus e pela delícia que experimenta nessa comunhão.

O homem profano não sai do plano horizontal, que se apresenta sob inumeráveis formas — dinheiro, política, prazeres, ambição, comércio, indústria, ciência, arte, filantropia, organização social; joga com fatores meramente quantitativos, de superfície, em que ele vê o "real", e até a própria "Realidade", e por isso se considera ele um "realista"; real, solidamente real, é para ele tudo que é objetivo, quantitativo, o que se pode ver, ouvir, tanger, pesar, medir, numerar, tudo que tem forma e cor; irreal é para o profano o resto, o mundo da qualidade, não sujeito a tempo e espaço. Mas, como há certas conveniências e convenções que mandam crer nesse mundo da qualidade intangível, tolera o chamado "realista" os "idealismos" dos que se ocupam com essas coisas "irreais", hasteia a bandeira da fé à fachada do edifício maciço do seu materialismo; e à sombra dessa bandeira do além realiza ele os interesses do aquém.

Se esse homem soubesse que ele é um grande "irrealista", e que os chamados "idealistas" é que são os genuínos "realistas"!...

A mais decisiva e arrasadora descoberta que um homem pode fazer na vida presente é convencer-se experiencialmente de que o mundo horizontal, objetivo, das quantidades tangíveis, é um mundo feito de outros tantos zeros — ao passo que o mundo vertical, subjetivo, da qualidade, é como o algarismo "1", que representa um valor autônomo, e possui, além disso, o estranho poder de valorizar os zeros que se colocarem à sua direita: 1.000.000; mas, se colocarmos esses mesmos zeros à esquerda do valor autônomo "1", este vai perdendo parte do seu valor: 000.000.1.

O homem profano é tão míope ou cego que passa a vida inteira colecionando zeros e, quando acumulou milhões desses lindos zeros, pequenos ou grandes, então se julga seguro, embora não desista jamais de aumentar o seu museu de nulidades, por sinal que não crê na sua segurança.

Desistir dessa alucinante política de "zeros" e abraçar a gloriosa sabedoria do grande "Um" — com ou sem os zeros — é esse o passo decisivo na vida de todo homem terrestre; e é aqui que está a invisível linha divisória entre as duas humanidades que habitam este globo: a humanidade profana dos insipientes e a humanidade sagrada dos sapientes.

O primeiro passo para essa suprema sapiência é a mística, que consiste na intuição do valor do "1" espiritual e na subsequente fuga de todos os "000" das materialidades circunjacentes, às quais a sociedade dá incessante caça e em cujo nome são cometidos os maiores crimes.

* * *

Milhares de cristãos europeus haviam lido ou ouvido a respeito de Gandhi, e todos eles estavam ansiosos por ver com seus próprios olhos esse estranho fenômeno do Oriente. Não poucos se encontraram com ele pessoalmente. Muitas vezes é decepcionante o encontro pessoal com homens célebres. O contato imediato e diuturno com eles apaga, quase sempre, ou faz empalidecer a auréola de grandeza que a nossa imaginação havia tecido em torno do herói. É fácil ser santo e célebre a mil quilômetros de distância — mas é difícil a dois metros apenas... Também é fácil ter ideia sublime de um homem com o qual nos encontramos apenas de passagem, trocamos um rápido olhar ou um aperto de mão — mas é difícil conservar dele essa reverente admiração através das trivialidades de uma convivência cotidiana de semanas, meses, anos...

Ninguém é herói diante de seu camareiro, disse um rei — e será possível persistir algum ambiente de sublimidade nas intimidades de um quarto de casal?...

"Mantenha distância!" — é a conhecida legenda que figura na traseira de muitos veículos das nossas estradas públicas; e é de bom aviso essa advertência, para evitar colisões desagradáveis.

"Mantenha distância!" — poderia ser a divisa para a vida de muitas pessoas célebres, para que a celebridade possa sobreviver indene e ser admirada de longe como os bastidores de um teatro.

Com Gandhi se dava precisamente o contrário. Quase todos os seus companheiros ocidentais ficaram mais encantados com a sua propinquidade do que com a sua longinquidade. Seus próprios inimigos são unânimes em confessar isso. Os seus carcereiros, na Índia, acabavam sempre por se tornar seus maiores amigos. Os dois detetives britânicos que, em 1931, o acompanhavam pela Europa, refere Werner Zinimermann, um de seus íntimos nessa viagem, se transformaram em espontâneos auxiliares dele; arranjavam-lhe as passagens, tomavam conta da sua bagagem, acompanhando-o prazerosamente por toda a Europa até seu reembarque em Bríndisi.

A verdadeira grandeza não necessita de publicidade; pelo contrário, qualquer artifício publicitário empalidece, pelo menos externamente, o fulgor de uma "grande alma". Grande é o homem que é integralmente puro em suas intenções, verdadeiro em suas palavras e sincero em tudo quanto faz, às ocultas ou em público. Não mentir aos outros é mais fácil do que não mentir a si mesmo — e há pessoas cuja vida inteira é uma ininterrupta mentira a si mesmas, a ponto de elas mesmas acabarem por crer na verdade das suas mentiras... Gandhi, porém, chegou a tal ponto de verdade e veracidade consigo mesmo que não admitia a menor discrepância entre aquilo que era e aquilo que aparentava ser. Superara, por meio de ingentes lutas, todo o desejo de vaidade, de vanglória, de autocomplacência, todo o prurido de impressionar favoravelmente o público. Em última análise, todas as suas vitórias são devidas a essa inexorável pureza e sinceridade consigo mesmo.

A figura externa desse "faquir seminu", como alguns o apelidavam, era, certamente, algo de exótico para os europeus; mas quase ninguém ousava rir-se dele com desprezo; todos sentiam, consciente ou inconscientemente, que nesse pequeno indiano, calvo e desdentado, vivia algo de grande e belo, algo que despertava reverência, admiração, entusiasmo e desejo de ser melhor. Aquele gentio do Oriente era um terrível exame de consciência para muitos cristãos do Ocidente... Nele transluzia algo que lembrava o espírito do Sermão da Montanha...

A verdadeira grandeza sempre empolga — ou então irrita — mas nunca nos deixa simplesmente indiferentes. É impossível professar neutralidade diante duma "grande alma". O homem cósmico, sejam quais forem as roupagens externas, é uma tempestade, um terremoto, um incêndio de Pentecostes; faz oscilar todas as agulhas; os bons se tornam melhores e os maus se tornam piores, suposto que não possuam a necessária plasticidade para a conversão...

Quando Gandhi afirma que nenhuma das suas vitórias foi merecimento dele, mas que todas as suas derrotas foram culpa sua, fala como porta-voz duma grande sinceridade com ele mesmo. De fato, todas as nossas vitórias são devidas a um elemento em nós que não é idêntico ao nosso ego, mas a algo transcendente, cósmico, infinito, divino, que é ao mesmo tempo imanente em nós — ao passo que as nossas derrotas são sempre devidas ao nosso pequeno ego humano, que se julga capaz de algo de que é incapaz.

Gandhi plantando uma árvore em Londres, 1931.

Capítulo 15

Queriam ser iniciados por Gandhi

Certo dia, apareceram num dos *ashrams* de Gandhi dois homens e pediram ao Mahatma que os iniciasse nos mistérios do mundo espiritual.

Gandhi acedeu ao pedido e ofereceu-se para ajudá-los.

Os dois hospedaram-se no *ashram*, prelibando maravilhosas experiências, sob a direção de tão exímio chefe espiritual.

E, para dar prelúdio à iniciação, Gandhi encarregou os dois candidatos à suprema espiritualidade de varrerem o pátio do *ashram* coberto de folhas secas.

Os dois empunharam as vassouras e varreram o pátio.

Depois, Gandhi mandou que descascassem batatas e cortassem verduras, e que rachassem lenha para o fogo sobre o qual se ia preparar o almoço de todos os residentes na colônia espiritual.

E assim se fez.

À tarde, Gandhi mandou os dois, com latas de creolina, às aldeias circunvizinhas para fazerem limpeza nas privadas e fossas, como costumava fazer ele mesmo, em companhia de uma turma especial encarregada da higiene.

Os dois candidatos à suprema espiritualidade passaram a tarde toda desinfetando instalações sanitárias com água de creolina.

Ao voltarem do serviço nada espiritual, um deles disse ao companheiro: — Será que Gandhi se esqueceu do nosso pedido de iniciação espiritual?

Ao anoitecer, os dois aspirantes à suprema espiritualidade tomaram a sua frugal refeição em companhia de Gandhi e dos outros residentes na colônia.

Antes do descanso noturno, todos fizeram uma hora de meditação.

No dia seguinte, os mesmos trabalhos, com pequenas variantes.

De manhã e à noite, horas de meditação.

Os dois estavam cada vez mais decepcionados. Esperavam, parece, que o Mahatma os convidasse para uma sala fechada, misteriosamente imersa numa penumbra azulada ou esverdeada, recorresse a algum ritualismo mágico-místico, e que dessa cerimônia os iniciandos saíssem definitivamente iniciados para o resto da vida. Viviam, como milhares de outros, na ilusão de que iniciação consiste em algum toque de magia, em algum ato momentâneo, e não numa permanente atitude, numa vivência contínua e progressivamente ascensional.

Finalmente, no terceiro dia, um dos candidatos teve a coragem de perguntar a Gandhi:

— Mestre, quando começa a nossa iniciação?

— Já começou — respondeu Gandhi.

— E quando terminará?

— Terminará quando vocês fizerem de boa vontade o que até agora fizeram de má vontade.

Os dois candidatos à suprema espiritualidade sumiram. Provavelmente foram dizer lá fora que esse Gandhi não é nenhum Mahatma, nenhum verdadeiro iniciado, porque, em vez de fazer iniciação espiritual, mandava os aspirantes ocupar-se em trabalhos materiais tão ordinários como os que relatamos acima.

De fato, não consta que Gandhi tenha tido uma iniciação no sentido dos grandes místicos. Gandhi, depois de passar vinte anos o seu duro noviciado, no sul da África, passou da consciência mística para a zona da *consciência cósmica*. E o homem de consciência cósmica se parece, externamente, com o homem de *consciência profana*, porque vive espiritualmente no meio de todas as materialidades. Longe de ser *lodo*, no fundo do lago, ultrapassou a própria água do lago, e floresce, como a flor de lótus, na *luz*, acima do lago, onde se imortaliza pela frutificação.

O homem de consciência profana vive somente nas materialidades e para as materialidades.

O homem de consciência mística vive longe das materialidades, imerso na pureza da sua espiritualidade.

O homem de consciência cósmica, ou univérsica, vive no meio das materialidades, mas vive para a grande espiritualidade. Atingiu as alturas da luz, único elemento absolutamente imune e incontaminável, no meio das imundícies e materialidades do mundo profano. As palavras "iniciação" e "guru" representam verdadeiras fraudes espirituais no Ocidente — e quiçá mesmo no Oriente.

Não existe nenhuma aloiniciação; só existe autoiniciação. O guru ou mestre externo pode, quando muito, apontar o caminho a seu discípulo, mas não o pode iniciar espiritualmente; pode colocar setas na encruzilhada para que o discípulo conheça o caminho a seguir, mas não pode obrigá-lo a seguir o caminho certo.

O maior dos Mestres, Jesus, não iniciou nenhum dos seus discípulos durante os três anos da sua vida pública; mostrou-lhes o caminho a seguir. Eles mesmos, obedientes à ordem do Mestre, se autoiniciaram, na gloriosa manhã do primeiro Pentecostes, quando neles eclodiu o Cristo interno. E esta eclosão crística se deu depois de nove dias de silêncio e meditação.

Esta autoiniciação crística se repetiu através dos séculos em diversos seres humanos, como Paulo de Tarso, Agostinho, Francisco de Assis, Pascal, e, em nossos dias, na pessoa de Mahatma Gandhi, Albert Schweitzer, e outros. A autoiniciação supõe um ambiente propício criado pelo iniciando, porque somente "quando o discípulo está pronto, o mestre aparece". O silêncio e a cosmomeditação fazem parte desse ambiente propício para a autoiniciação. Além disso, é necessário um ambiente ético de profunda humildade, despretensão e solidariedade humana, como o que Gandhi exigiu dos dois pretensos candidatos à iniciação.

A autoiniciação, uma vez realizada pelo próprio iniciando, pode ser confirmada pelo guru mediante uma cerimônia ritual simbólica, a qual, porém, não pode, em hipótese alguma, substituir a própria iniciação espiritual e verdadeira.

A verdadeira iniciação é o início de uma nova consciência mística, e de uma verdadeira vivência ética de grande iniciativa.

Capítulo 16

O MISTÉRIO DO JEJUM
E DA ORAÇÃO

Todos os grandes mestres espirituais da humanidade, dentro e fora do Cristianismo, conheciam o mistério dinâmico de dois fatores desconhecidos dos profanos: o jejum e a oração. O homem moderno meneia a cabeça, incrédulo ou cético, quando se lhe fala do irresistível poder desses dois fatores invisíveis e intangíveis; poder, para ele, é violência — canhões, metralhadoras, bombas atômicas, etc. Alguns ainda estão dispostos a crer na eficácia da oração; o eminente cientista francês Alexis Carrel escreveu uma verdadeira apoteose da oração. Mas, e o jejum? Que eficiência poderia ter a vacuidade do estômago?

Todos os iniciados sabem por experiência que a oração é uma espécie de invasão do finito pelo Infinito, o cruzamento de uma fronteira, para aquém da qual há pequenez e fraqueza, para além da qual imperam grandeza e poder. Quem consegue essa invasão tem nas mãos tudo quanto existe de positivo — poder, amor, saúde, felicidade, certeza de Deus e da vida eterna.

Todos os chamados "milagres" são filhos primogênitos da oração.

Os dezoito anos de adolescência de Jesus, que os Evangelhos silenciam, devem ter sido anos de intensa e assídua oração; o que o Nazareno, mais tarde, diz ao povo sobre o "reino de Deus" deve ser o eco de profundas experiências dele, nesse período. Durante a sua vida pública costumava ele retirar-se, de noite, ao cume de algum monte ou à solidão

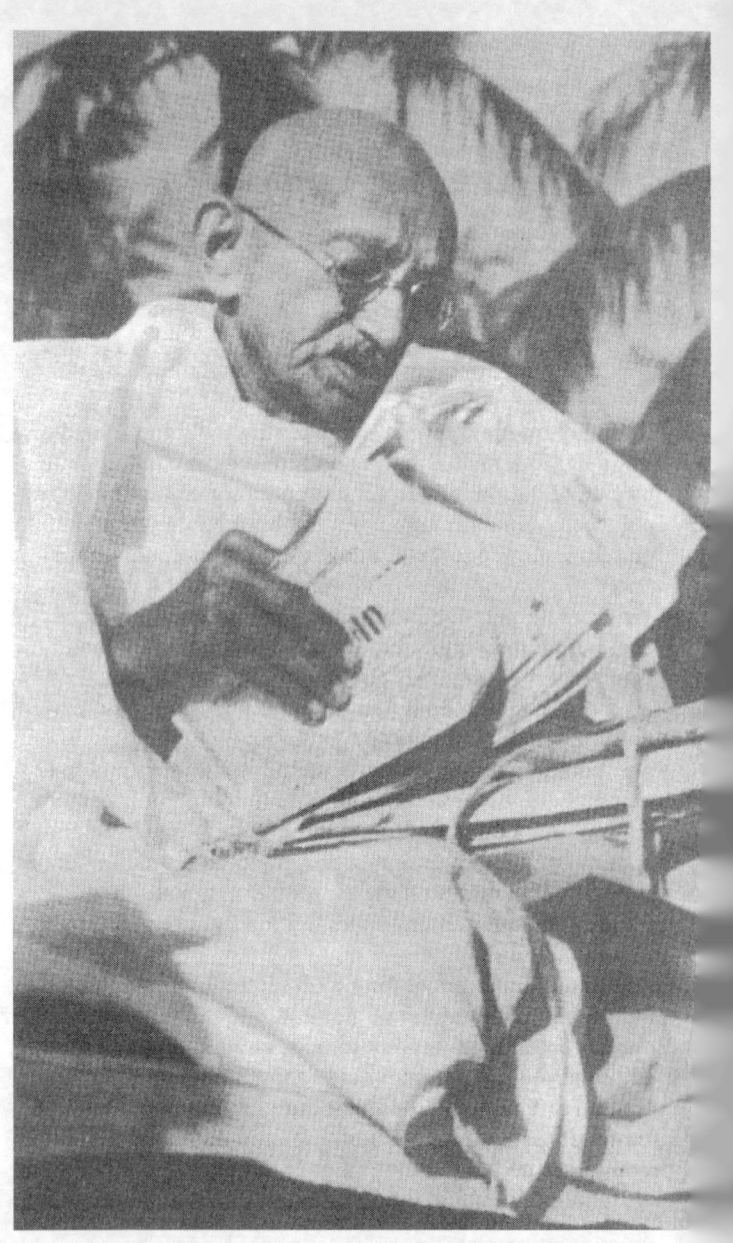

Gandhi escrevia livros, milhares de artigos e cartas para promover suas ideias.

dum ermo, a fim de reingressar nesse mundo divino. A sua transfiguração no Tabor, a sua agonia no Getsêmani, a sua morte no Gólgota — estão todas envoltas na atmosfera da oração. E a seus discípulos diz ele: "Orai sem cessar, e nunca deixeis de orar!".

"Orar" é, para Jesus, uma atitude permanente, um modo de ser, e não apenas um ato transitório, um modo de agir. "Orar", derivado do latim "*os*" (*oris*), que quer dizer "boca", significa literalmente "abrir a boca". Quando a alma se abre rumo ao Infinito, sentindo-a sua faminta vacuidade e ansiando pela divina plenitude, então ela "ora".

Gandhi não nos deixou nenhuma teoria, nenhum tratado sobre a oração, mas a sua vida é uma oração permanente, uma silenciosa atitude rumo ao Infinito.

Lord Halifax, quando vice-rei da Índia, escreveu uma carta a seu governo, em Londres, em que se refere ao líder politicomístico da Índia, dizendo que esse homem estranho, quando não consegue dominar a vontade rebelde de seu povo, passa noites inteiras em oração — e depois os seus conterrâneos lhe obedecem. "Se eu, acrescenta Lord Halifax, procedesse deste modo, em vez de apelar para os recursos da política e das armas, meu governo me chamaria de volta para Londres como homem inapto para o cargo que exerço; Gandhi, evidentemente, tem conhecimento de uma arma secreta que nós desconhecemos..."

De fato, são pouquíssimos os que conhecem e sabem manejar essa "arma secreta" da oração; mas os que a conhecem e aplicam são onipotentes: "Tudo que na oração pedirdes a meu Pai, ele vô-lo dará". "Nada é impossível àquele que tem fé..."

* * *

Menos ainda do que a oração conhece o nosso mundo o mistério do *jejum*. Entretanto, todos os iniciados associam o jejum à oração, porque sabem que aquele intensifica o poder desta.

Quando, durante a transfiguração de Jesus, os seus discípulos, ao pé do Tabor, procuravam em vão expulsar o mau espírito daquele menino obsessionado, têm de ouvir dos lábios do Mestre que essa espécie de demônios só se expulsa à força de "jejum e oração".

Na igreja cristã dos primeiros séculos não se tomava uma única resolução importante sem a fazer preceder de um período de "jejum e oração".

Gandhi submetia-se a semanas inteiras de jejum e oração, a fim de exercer impacto positivo sobre milhões de almas. Diziam então os jornais, ingênuos e insipientes, que o líder da Índia ameaçava suicidar-se à força de jejuns se o povo não lhe fizesse a vontade — como se um homem que detestava até a matança de animais e insetos chegasse a tal ponto de apostasia das suas mais sagradas convicções!

O impacto que o jejum exerce sobre a vida do homem que o aplicar devidamente é algo por demais esotérico para que o grosso da humanidade profana o possa compreender. Só se compreende de fato aquilo que se é e se vive profundamente. Em última análise, saber é *ser, compreender* é viver. "Se alguém quiser saber se a minha doutrina é verdadeira, pratique-a!" (Jesus)

A explicação que passaremos a dar não é objeto de análise intelectual, mas sim de experiência espiritual. Onde falta essa experiência falha a análise.

Diz-nos a ciência que todo homem necessita de certo número de "calorias" para poder viver e trabalhar normalmente. Essas calorias lhe são fornecidas diariamente pela assimilação das energias solares extraídas dos alimentos mediante a digestão.

Por via de regra, essas calorias são puramente "biológicas", servindo para manter e aumentar as energias do corpo. É, todavia, possível ao sapiente potencializar essas calorias biológicas e transformá-las em "calorias espirituais".

Essa misteriosa alquimia, que transmuta as energias vitais em energias espirituais, é realizada por meio da oração, que, qual poderoso catalisador, submete as calorias biológicas ao impacto duma alta-tensão mística; as energias físicas passam por um processo de sublimação, de maneira que, sem aumentar a *quantidade* por nova ingestão de alimentos, intensificam a *qualidade* das energias já existentes no corpo.

Essas calorias, assim dinamizadas, ao mesmo tempo que conservam a vida do corpo, capacitam a alma de captar ondas mais sutis do que as que, geralmente, percebe. O refinamento dos nervos pelo jejum unido à oração cria no homem um aparelho receptor de alta potência, por meio do qual sintoniza ele a sua alma para frequências vibratórias muito além das vibrações comuns do plano material e mental. E, uma vez criado esse delicado receptor, percebe o homem as irradiações das emissoras mais potentes do Universo imaterial.

A prática do jejum com oração é apenas um dos três processos que ligam o homem individual ao cosmos universal. O homem estabelece esse contato do indivíduo com o universo de três modos diferentes: 1) pela *digestão*, 2) pela *respiração*, 3) pela *mentalização*. *Calorias, prana e pensamentos* — quem sabe canalizar essas três correntes cósmicas e pô-las a serviço da sua vida individual, é senhor do seu destino. Mas ai do homem que canalizar essas forças em sentido negativo... Acabará em completo envenenamento...

Quando o homem sabe controlar e dirigir essas forças e pô-las a serviço de seu EU superior, então possui ele o elixir da saúde, da vida, da sapiência e da imortalidade. E pode também influenciar outros, não por meio de um processo de violentação — como na magia negra — mas pela criação de um ambiente propício para as vibrações positivas do espírito consciente e livre.

Existem numerosas sociedades iniciáticas que prometem a seus adeptos o ingresso no "reino dos céus" por meio de determinadas técnicas e ritualismos secretos — e muitos seguem esses "falsos profetas". Possivelmente adquirem poderes luciféricos, mas não entram no reino crístico, que não é deste mundo. Ideias são transmissíveis — experiências são intransferíveis!

Nenhum mestre, por mais espiritual, pode dar a seus discípulos a sua espiritualidade; se o pudesse e fizesse, cometeria o maior pecado anticósmico, e daria a entender com isso mesmo a sua falta de verdadeira espiritualidade. Nenhum mestre realmente espiritual comete semelhante "contrabando", procurando por meio de técnicas externas introduzir os seus discípulos para o interior de um reino que exige maturidade espiritual, experiência profunda e vasta do Deus do mundo e do mundo de Deus.

E, no início dessa experiência mística, está invariavelmente um grande sofrimento, ou uma morte. Quem não passa por essa morte não pode nascer para uma vida mais abundante. Todas as glórias da ressurreição têm como prelúdio as agonias do Getsêmani e do Gólgota... "Se o grão de trigo não morrer, ficará estéril, mas, se morrer, produzirá muito fruto." "Eu morro todos os dias, e é por isso mesmo que vivo, mas não sou eu que vivo — o Cristo é que vive em mim..."

O Universo está sempre presente a nós, com todas as suas forças e grandezas; para o percebermos, uma só coisa é necessária: criarmos em nós suficientes receptividades para sintonizarmos a nossa antena individual com as ondas da emissora universal.

Mahatma Gandhi era mestre nessa sintonização. Sabia que o que de grande acontecia na vida dele vinha do Infinito; competia a ele tornar-se receptivo para essas mensagens divinas...

Capítulo 17

GANDHI: O HOMEM INDEFINÍVEL

"A maior parte dos homens religiosos com que me tenho encontrado — disse Gandhi — são políticos camuflados de religiosidade; eu, porém, que pareço camuflado de político, sou um homem intimamente religioso".

De fato, Gandhi nunca teve a intenção de ser um político; a política lhe foi imposta por motivos de consciência, isto é, por sua profunda e inextirpável religiosidade. O seu caráter era de místico — mas, como podia ele ser solitário com Deus sem ser solidário com os homens, se estes sofriam horrores e injustiças sem nome?

O que, no Oriente, se entende por "religião", "religioso", é muito diferente daquilo que o ocidental entende, geralmente, com essas palavras. Eu mesmo, nas minhas extensas viagens de conferências e organização pelo Brasil afora, tenho sido interrogado e entrevistado repetidas vezes pelos homens da imprensa, e uma das perguntas do repórter de bloco de papel e lápis em riste é infalivelmente esta: "Qual a sua religião?" O que o homem do jornal quer saber, para dizer a seus leitores, é se eu pertenço confessionalmente ao grupo religioso A, B ou C, se aceito tais dogmas, tal credo, etc. Mas, como eu não faço parte de nenhuma igreja ou seita particular, o repórter fica desnorteado, não acerta com os termos e acaba por declarar a seus leitores que eu sou um homem sem religião, isto é, um ateu de marca.

A um deles respondi que moldava a minha vida pelo Cristianismo Universal, sem rótulo eclesiástico; ao que ele

O título dado a Gandhi — Mahatma, alma grande — expressa o respeito e a veneração do povo indiano por seu líder.

replicou que Cristianismo não era religião, definindo assim, involuntariamente, o que ele e muitos outros entendem por religião.

De fato, um homem de religiosidade universal, não sectária, um homem que procura concretizar em ética humana a sua mística divina, e não habita em nenhuma das gaiolas dogmáticas, esse homem passa facilmente por ateu e irreligioso. Quase todos os verdadeiros místicos foram detestados como ateus ou hereges, alguns deles queimados vivos, outros crucificados, outros ainda excomungados e boicotados como elementos perigosos — desde Sócrates até Cristo, desde Ikhnaton I até Abraham Lincoln. A mais poderosa organização religiosa do primeiro século da era cristã, a sinagoga de Israel, declarou oficialmente que o Nazareno era blasfemo, possesso do demônio, ateu, inimigo de Deus, e por isso tinha de morrer — e ele foi crucificado, morto e sepultado, como irreligioso, ele, o homem mais religioso que a humanidade conhece.

Como definir o caráter de Gandhi? Em que categoria incluí-lo?

Místico? Político? Reformador? Revolucionário? Filósofo? Estadista? Sectário? Fanático?

Não encontramos categoria alguma em que incluir esse homem. Tinha algo de tudo que estas palavras significam — mas, acima de tudo isso, pairava a sua grande e única individualidade, tão original e inédita que não podia ser considerada cópia de algo antecedente, nem pode ser copiada por algo subsequente. A individualidade original e inédita de Mahatma Gandhi fundia, numa grandiosa síntese cósmica, todos aqueles elementos heterogêneos, plasmando algo majestoso e homogêneo, cheio de unidade e de diversidade como o próprio Universo.

Filho da mesma terra que Rabindranath Tagore — esse poeta-filósofo, esse suave artista-aristocrata, esse esteta-místico — era Gandhi totalmente diverso do seu grande conterrâneo; era dotado dum dinamismo realizador de inaudita potência e duma capacidade de sofrer jamais igualada num país de sofredores.

As palavras de Albert Schweitzer "Não há heróis da ação — só existem heróis da renúncia e do sofrimento", bem poderiam figurar sobre o frontispício da vida de Gandhi. De fato, a verdadeira grandeza do homem não está naquilo que ele, o seu ego humano, faz — mas sim naquilo que ele é capaz de sacrificar e de sofrer sob o impacto e o império do seu EU divino, eco individual da Realidade Universal.

É fácil ser santo na suave solidão com Deus — é difícil ser santo na rude sociedade dos homens. Quem consegue salvar, no meio do ruído dos homens, 10% dos ideais que concebeu no silêncio de Deus — esse homem está de parabéns...

Gandhi passou por esta prova de fogo: testou no meio das impurezas da sociedade humana a pureza das suas experiências divinas.

Entretanto, o seu caráter continua indefinível — como indefinível é Deus, o grande Anônimo de mil nomes...

O homem profano é, geralmente, um homem social.

O homem místico é um solitário com Deus.

O homem crístico é um homem solidário com os homens por amor de Deus.

Entretanto, ninguém pode ser vastamente solidário com os homens sem se profanizar, se não for profundamente solitário com Deus.

A política solidária de Gandhi é um transbordamento espontâneo da sua mística solitária. Ele é político por ser religioso.

Capítulo 18

SOBRE REENCARNAÇÃO
E CULTO DA VACA

Em diversos itens da ideologia gandhiana transparecem influências ocidentais; a sua permanência em Londres, durante os seus estudos, deixou indeléveis traços no seu modo de pensar e sentir. Em outros pontos, porém, se conservou Gandhi intransigentemente oriental e hindu, como nos dois itens do título deste capítulo.

Quanto à reencarnação, admite ele essa doutrina em seu colorido teosófico, e não na roupagem da metempsicose, segundo a qual a alma humana poderia reencarnar até no corpo de um ser infra-humano.

Entretanto, o Mahatma não se dá ao trabalho de elaborar explicitamente as suas convicções sobre reencarnação; não nos diz se tem experiência duma vida terrestre anterior à presente, nem se preocupa com um possível retorno a este planeta em corpo material. A sua vida se absorve totalmente na luta pela libertação pacífica da Índia e no empenho da sua purificação pessoal durante a presente vivência telúrica. Nesse particular se aproxima Gandhi da atitude de Jesus, que nunca se pronunciou claramente sobre esse problema humano tão agitado em nossos dias; nenhum dos três ou quatro textos evangélicos geralmente aduzidos prova, concludentemente, ter Jesus admitido esse retorno físico da alma. Em Gandhi, é verdade, encontramos atitude bem mais clara a favor da reencarnação, embora não tenha feito dessa crença um ponto central da sua vida.

Aliás, todos os grandes mestres espirituais da humanidade compreenderam que, embora talvez exista o *fato objetivo* da

Gandhi ao lado de duas colaboradoras, 1948.

reencarnação, esse fato não representa um *valor subjetivo*, uma vez que — no dizer de Einstein — "do mundo dos fatos não conduz nenhum caminho para o mundo dos valores".

Replicam os reencarnistas que, numa nova encarnação terrestre, teria o homem oportunidade para criar valores espirituais.

Entretanto, não é concludente esse argumento, uma vez que a criação de valores espirituais é possível em qualquer ambiente, mesmo fora da matéria, porque depende unicamente do exercício do livre-arbítrio, e não da presença de um corpo material, e o livre-arbítrio sobrevive à morte do corpo físico.

Nem é válido o argumento de que a criação de valores espirituais necessite de sofrimentos em corpo físico; se necessita de sofrimentos, estes também persistem sem o corpo físico, uma vez que a base do sofrimento é o corpo astral, que sobrevive ao corpo material. Nesse sentido, os teólogos fizeram bem em localizar o inferno e o purgatório (que eles entendem como lugares) na zona do mundo astral, e não no mundo material.

Em qualquer hipótese, a criação de valores espirituais é possível fora da matéria, porque é um atributo do livre-arbítrio, que não depende da presença de um corpo material.

Por essa razão, os grandes iniciados nunca deram real impor-tância a essa questão de reencarnação; se não a negaram como *fato objetivo*, também não a afirmaram enfaticamente, porque davam mais importância ao *valor subjetivo*, que existe independentemente daquele.

De resto, os mestres orientais consideram a reencarnação como indesejável, como uma punição, e não como um requisito indispensável de evolução, como certos doutrinadores ocidentais.

Para ulterior esclarecimento, queira o leitor consultar o meu livro *Luzes e Sombras da Alvorada,* capítulo "Reencarnação como Fato ou como Valor".

Gandhi sabia, experiencialmente, dessas verdades profundas, embora não as tenha verbalizado, nem talvez mentalizado explicitamente. Toda a experiência espiritual é, por sua natureza, silenciosa, anônima, incolor; a sua passagem para a zona mental da análise é a primeira degradação dessa experiência íntima; a segunda degradação consiste em sua verbalização material. A verdade pura e integral está para além de toda a mentalização e verbalização, nos eternos abismos do silêncio, do anonimato e da incoloridade — são *"árreta remata"* ("ditos indizíveis"), na linguagem mística de Paulo de Tarso.

Grande estranheza e desapontamento causou a não poucos o pronunciamento entusiástico do grande líder indiano sobre o culto da vaca. Mas ele acrescenta como ressalva que toma essa veneração num sentido muito mais amplo e espiritual do que o comum do seu povo. A vaca, o animal doméstico mais útil ao homem, como fonte de leite e de trabalho agrícola, representa para Gandhi todo o mundo infra-humano, que merece a nossa reverência e compreensão, por serem os animais os nossos irmãos menores.

Através de toda a filosofia oriental, vai esse traço democrático, se assim se pode dizer, que não conhece nítida linha divisória entre o mundo humano e o mundo animal. O animal é, para o oriental, uma espécie de homem atrasado, ao passo que o homem é um animal avançado. Os darwinistas ocidentais devem simpatizar grandemente com essa ideologia.

A mentalidade ocidental, sobretudo cristã, é assaz diferente; entre nós existe algo como uma aristocracia ou hierarquia, no tocante ao gênero humano; corre uma nítida linha divisória entre homem e animal; o homem não é um superanimal, nem o animal é um infra-homem. Homem e animal aparecem, na esfera cristã, como duas categorias de seres fundamentalmente diversos, sem afinidade recíproca nem possibilidade de transição de cá para lá, ou de lá para cá.

Desse separatismo radical nasce, naturalmente, uma atitude específica do homem em face do mundo animal; o homem pode servir-se do mundo animal como de um meio para seus fins humanos. É universalmente considerado inético que um homem se sirva de outro homem como meio (isto, em teoria, embora na prática esse imoralismo seja regra geral). Immanuel Kant deu grande ênfase a esse ponto. Mas o Ocidente não considera inético que o homem, dentro de certos limites, se sirva do animal como de um meio para seus fins humanos.

Sobre a base democrática da filosofia oriental, é imperdoável que o homem se sirva do animal para sua alimentação, matando-o, uma vez que vigora estreita afinidade entre homem e animal; seria uma espécie de canibalismo, parecido com a antropofagia dos povos selvagens.

Essa concepção de afinidade entre homem e animal não aparece na teologia cristã, nem nos ensinamentos de Cristo; nunca inculcou ele a seus discípulos deveres para com os animais nem insistiu na necessidade de evitarem a ingestão de carne animal; ele mesmo come a carne do cordeiro pascal (embora por motivos rituais), dá ordem a seus seguidores para apanharem peixes no lago de Genesaré, e na Páscoa da ressurreição prova uma posta de peixe assado que seus discípulos lhe oferecem. Essa atitude do Nazareno supõe uma distância maior entre homem e animal do que o Oriente admite; estabelece uma transcendente hierarquia cósmica, confirmando o que o Salmista expressou nas conhecidas palavras: "Que é o homem, Senhor, que dele te lembres — e o filho do homem que o visites? — Pouco abaixo dos anjos o colocaste, de honras e glórias o coroaste, e o constituíste sobre as obras das tuas mãos".

O fato cientificamente provado de que o corpo humano, antes de atingir a forma atual, percorreu — e percorre ainda em cada novo indivíduo — numerosos estágios evolutivos de corpos animais, não invalidaria essa concepção hierárquica do homem porque não foi provado, nem jamais será provado, que o homem tenha vindo do animal; a ciência provou apenas que o corpo dele veio através de corpos inferiores, infra-humanos ou animais. "De" indica a fonte e causa; "por" ou "através" indica a condição, ou seja, os canais pelos quais fluiu a alma humana, até atingir as alturas de hoje.

O homem nunca foi animal, e o animal de hoje, provavelmente, nunca será homem amanhã. Se uma alma humana é, por sua íntima essência e natureza, intelectual e racional, embora ainda em estado latente, e se nenhum animal possui essa natureza potencialmente intelectual e racional, então é certo que nunca haverá uma "homificação" do animal, pois ninguém se torna o que não é, nenhum ser se torna explicitamente amanhã o que não é implicitamente hoje. Só se admitíssemos que o animal de hoje seja, agora mesmo, potencialmente homem, e se torne atualmente amanhã o que é potencialmente hoje. Mas essa suposição é 100% gratuita e arbitrária, porque nunca, em tempo histórico, houve um único caso provado de que um verdadeiro animal se tivesse tornado verdadeiro homem. Não negamos que o animal tenha "inteligência" — negamos, porém, que a "inteligência" animal seja da mesma categoria que a inteligência humana; aquela é concreta e puramente biológica, ao passo que esta pode tornar-se abstrata, tratando de assuntos flagrantemente antibiológicos e totalmente infrutíferos para a vida concreta do homem. Nunca nenhum animal perdeu tempo e esforço para calcular a distância entre a Terra e o Sol, a velocidade da luz, nem discutiu a habitabilidade de outros planetas — isto é típico da inteligência abstrata do homem. Pode o animal aprender muitas habilidades, como vemos no circo; mas, quando deixado a seu instinto natural, perde tudo quanto aprendeu e volta ao estado natural, por sinal que todas aquelas conquistas eram conquistas da inteligência do homem, temporariamente emprestadas ao animal, mas que não encontraram ambiente propício no animal e desapareceram no momento em que o homem deixou de as manter artificialmente, de fora.

Tudo faz crer que o Universo é uma Hierarquia Cósmica, com determinadas categorias de seres, que poderão atingir grau máximo de evolução dentro da sua categoria, mas não podem exorbitar dos seus limites. Baseada nesse princípio, a filosofia e teologia ocidental professam ideologia *exogenética,* transcendente, ao passo que a mentalidade oriental propende para a *endogênese,* imanente.

O homem ocidental se considera dono, o oriental se sente como irmão mais velho do animal. As conclusões daí decorrentes dependem da premissa maior.

Quem decidirá da sua verdade — ou da sua inverdade?...

* * *

A grande veneração que Mahatma Gandhi tinha para com a vaca era, em última análise, uma reverência por todo o mundo infra-humano — encontrando-se nesse particular, com a mentalidade de Albert Schweitzer, o qual, embora amicíssimo do mundo animal e vegetal, não prima pela simpatia para com a filosofia oriental.

Gandhi levou a tal extremo a sua reverência pelo mundo infra-humano que, nos últimos decênios, se recusava a comer cereais e outras frutas cuja ingestão implicasse destruição da vida latente nessas sementes. Compreende-se esse extremismo quando se considera que os antepassados de Gandhi eram jainistas, e a sua própria família alimentava grandes simpatias por essa ramificação ultraortodoxa da filosofia ética do hinduísmo.

Gandhi abraça Mohammed Ali Jinnah,
líder político dos muçulmanos na Índia, 1944.

Capítulo 19

As "coerentes incoerências" de Gandhi

Mahatma Gandhi tem sido acusado, por seus próprios amigos, de ser incoerente no seu modo de falar e agir. E não sem fundamento. Parece que não vai, através da sua vida, uma linha reta de princípios; parece que ele se deixa levar, não raro, por impressões de momento; parece que segue uma política de oportunismo, sobretudo nas suas relações com o governo britânico da Índia. Muitos dos seus amigos desejariam que o chefe fosse mais radical e intransigente.

Gandhi não nega as suas incoerências, mas afirma que elas estão a serviço da coerência.

Poderíamos classificar esse homem histórico na terceira categoria de caracteres que descrevemos em nosso livro *Profanos e Iniciados*. É certo que ele não se enquadraria na classe dos "caracteres-argila", nem na dos "caracteres-cristal", mas sim no grupo dos "caracteres-aço". O primeiro tipo não tem dureza alguma; o segundo tem dureza inflexível; o terceiro tem dureza flexível, como uma mola de aço. E, por isso mesmo, é fácil confundir o caráter-aço com o caráter-argila, como, provavelmente, aconteceu no caso de Gandhi.

Não ter princípios definidos, mas viver à mercê dos caprichos do momento e das aragens das circunstâncias externas, é próprio dos homens medíocres, dos moluscóides e oportunistas de toda a espécie, dos que só conhecem convenções em vez de convicções e, sendo como barro informe, aceitam todas as formas que se lhes queira imprimir, transitoriamente.

Por outro lado, o homem de princípios nitidamente definidos, o asceta, o místico, é como um cristal de faces e arestas retilíneas; não declina do caminho da sua consciência, ainda que lhe custe a vida. Mas essa própria fidelidade a si mesmo o torna inadaptável à sociedade profana, com a qual vive em contínuo conflito e, por isso, prefere abandonar a sociedade e retirar-se à solidão, ou então, caso deva permanecer entre os profanos, cerca-se de uma invisível muralha de gelo e habita em seu baluarte de silencioso protesto em plena sociedade.

Há, todavia, uma classe de homens, raros na verdade, que têm princípios rigorosamente definidos e guardam absoluta fidelidade a seu Eu divino, mas possuem o estranho carisma de saberem adaptar as suas retilíneas convicções espirituais às curvilíneas convenções da sociedade, às circunstâncias de tempo e lugar, a ponto de serem facilmente confundidos pelos menos clarividentes com os homens da primeira classe, destituídos de *princípios* certos e só interessados em *fins*, nos fins dos oportunistas profanos.

O fato de alguém ser invariavelmente fiel a princípios eternos, mas não se aferrar teimosamente a certas formas externas consideradas inseparáveis da essência divina desses princípios — supõe extraordinária força e plasticidade de caráter, bem mais difícil do que a rigidez retilínea do caráter-cristal do asceta também externamente intransigente.

Não raro, o homem realmente espiritual tem de sacrificar as aparências de espiritualidade a fim de ser fiel à sua espiritualidade. Mas esse sacrifício das aparências para salvar a essência é, quiçá, a melhor medicina profilática contra um possível orgulho espiritual. Um místico, por exemplo, que tem de lidar com negócios e dinheiro, dificilmente é tido por um místico pelos não místicos; e essa condição de parecer um profano no meio de profanos talvez seja a melhor garantia para ele não ser um profano, mas um verdadeiro iniciado. Para continuar a ser forte, por vezes é útil parecer fraco aos olhos dos outros. O verdadeiro sábio pode admitir a pecha de parecer tolo, ao passo que o pseudossábio, ou semissábio, deve evitar cuidadosamente as aparências de tolo, a fim de escorar eficazmente a sua vacilante sapiência.

* * *

Leiamos o que o próprio Gandhi diz das suas incoerências.

Admito que há na minha vida numerosas incoerências. Mas como me chamam mahatma *(grande alma), estou disposto a endossar as palavras de Émerson, de que a tola coerência é o cavalo de batalha dos espíritos medíocres.*

Acho que vai certo método através das minhas incoerências. Creio que há uma coerência que passa por todas as minhas aparentes incoerências — assim como há na natureza uma unidade que permeia todas as aparentes diversidades.

Amigos meus que me conhecem têm verificado que eu tenho tanto de um homem moderado quanto de um extremista, que eu sou tão conservador quanto revolucionário. Assim se explica, talvez, a minha boa sorte de ter amigos entre esses tipos extremos de homens. Essa mescla, creio, corre por conta da minha própria ahimsa.

A minha incoerência é meramente aparente, em razão da atitude que tomo em face de circunstâncias várias. Certo tipo de coerência aparente pode ser até uma obstinação real.

Recuso-me a ser escravo de precedentes ou a praticar algo que não compreenda nem possa defender com base moral. Não sacrifiquei princípio algum a fim de conseguir alguma vantagem política.

Tive a sorte, ou falta de sorte, de colher o mundo de surpresa. Novos experimentos, ou experimentos velhos em forma nova, geram, por vezes, incompreensão.

Os que acompanharam, mesmo por alto, a minha humilde carreira, não podem ter deixado de observar que nunca pratiquei um único ato em minha vida com o fim de fazer mal a alguma pessoa ou a um povo.

Não me tenho em conta de infalível; tenho a consciência de ter cometido erros do tamanho do Himalaia, mas não me consta que os tenha cometido intencionalmente, ou de ter mesmo alimentado sentimentos de hostilidade a alguma pessoa ou nação, a qualquer espécie de vida, humana ou infra-humana.

Não tenho a consciência de ter praticado em minha vida um único ato por motivo de conveniência; antes, tenho a convicção de que a mais alta moralidade é a mais alta conveniência.

Nunca fiz da coerência um fetiche. Sou um adepto da Verdade, e tenho de dizer o que sinto e penso, em dado momento, sobre isto ou aquilo, independentemente do que tenha dito anteriormente sobre o assunto (...) Conforme a minha visão se vai tornando mais clara, meus pontos de vista se esclarecem com a prática diária. Quando modifico deliberadamente a minha opinião, as consequências são inevitáveis. Mas somente um olhar apurado é capaz de verificar nisso uma evolução gradual e imperceptível.

Não estou absolutamente interessado em parecer coerente. No meu caminho em busca da Verdade, tenho abandonado muitas ideias e tenho aprendido muitas coisas novas. Velho como sou de corpo, não tenho a consciência de ter cessado de crescer interiormente, ou que o meu crescimento vá estagnar com a dissolução da minha carne. O que me interessa é a minha atitude de prontidão em obedecer ao chamamento da Verdade, o meu Deus, de momento a momento.

Há princípios eternos que não admitem compromisso, e o homem deve estar disposto a sacrificar a sua vida para obedecer a esses princípios.

Capítulo 20

GANDHI E O PROBLEMA DOS "INTOCÁVEIS"

Uma das grandes lutas de Gandhi gira em torno do problema dos párias ou "intocáveis", que existem ou existiam na Índia, em número de cerca de 60 milhões. Num dos seus primeiros discursos no Congresso Nacional da Índia, declarou o Mahatma que não prometia libertar o seu país do domínio britânico enquanto os seus próprios conterrâneos não trabalhassem seriamente por se libertarem de uma escravidão moral mais degradante que a opressão política, a vergonhosa nódoa nacional dos párias. Sendo ele mesmo de uma casta superior, não admitia que dezenas de milhões de patrícios fossem tratados como seres infra-humanos, sem direito algum, pelo simples fato de terem nascido dentro duma outra casta social.

Falar em "castas" é usar de linguagem enigmática para o ocidental. Mas existem também entre nós preconceitos de classe. Na Europa medieval, pessoas da nobreza ou aristocracia não se mesclavam com os burgueses. Nos Estados Unidos continua em pleno vigor, a despeito dos dispositivos da Constituição Federal, a segregação racial, sobretudo no tocante ao elemento africano.

Mas convém não confundir esse preconceito racial ou social do Ocidente com o seu congênere oriental. O Oriente, em geral, crê firmemente na reencarnação, o fato de alguém nascer, por exemplo, numa família de párias faz parte do seu destino cármico; as suas auras são de categoria inferior, e quem entra em contato com essas auras inferiores perde algo das suas vibrações superiores, podendo atrasar a sua evolução ascensional por séculos e milênios.

De maneira que, no Oriente, o dever da segregação de castas, longe de ser simples assunto de antipatia social ou emocional, é um imperativo de caráter religioso, um dever de consciência; é a própria religião ou religiosidade que impõe ao brâmane ou outra pessoa de casta elevada o dever de evitar meticulosamente a convivência com seres de classe inferior. Estes, é verdade, poderiam ter vantagem com o convívio bramânico, mas não deixaria de ser uma espécie de "contrabando" ou ilegalidade, uma vez que o pária tem um débito a pagar, um "pecado original" a lavar, e só pode solver esse débito por meio de sucessivas reencarnações e sofrimentos. Por isso, não deve o indivíduo de classe superior mesclar-se com indivíduos de classe inferior, nem deve este querer subir ilegalmente, fora da lei cósmica. Cada um deve ficar tranquilamente no seu plano e saldar o débito correspondente a esse estágio.

À luz dessa filosofia compreende-se a proverbial paciência e serena resignação que, em geral, caracteriza os sofredores do Oriente; sofrem calmamente porque sabem que estão pagando uma dívida, e que o cancelamento paulatino duma dívida contraída em outra existência não é motivo de revolta, ou pesar, mas sim de alegria e esperança.

É também a razão por que o hinduísmo não é religião militante, como são o Cristianismo e o Islamismo, e como foi, antigamente, o Judaísmo. Por que tentar "converter" alguém? Por que empenhar-se em proselitismo missionário, se cada indivíduo tem de percorrer o estágio evolutivo em que, de momento, se encontra?

* * *

Quando Gandhi se insurgiu contra a segregação de castas, cometeu ele uma espécie de sacrilégio aos olhos dos ortodoxos do seu país, uma apostasia de princípios sagrados milenares.

A fim de provar a sinceridade da sua campanha própárias mudou ele a sua residência para o bairro dos "intocáveis", onde morou quatro anos, e adotou por filha uma jovem pária.

Tinha Gandhi razão em proceder tão radicalmente? Em face do conceito da fraternidade universal de todos os seres humanos, não há dúvida alguma. Em face das tradições milenares de seu povo, há outro ponto a considerar. Pergunta-se, antes de tudo, se existe realidade objetiva nessa crença em auras ou fluidos. Pode uma pessoa influenciar, positiva ou negativamente, outras pessoas pelas invisíveis irradiações que dela emanam?

Respondem os entendidos que sim. Auras são fatos provados. Se elas afetam ou não afetam outras pessoas, isso depende da alergia ou imunidade dessas pessoas. Como na eletricidade há bons e maus condutores da invisível corrente, assim há também, entre os homens, bons e maus condutores de fluidos pessoais.

Quando Gandhi se empenhou na campanha contra a segregação de castas, supôs ele, tacitamente, a possibilidade de uma imunidade por parte dos brâmanes ou outras castas elevadas. Essa imunidade era, certamente, um fato na pessoa do grande líder, que se achava no plano duma inegável invulnerabilidade. Mas... eram os seus colegas e correligionários tão imunes quanto ele?

Há entre nós sociedades iniciáticas que praticam o mesmo princípio de intocabilidade, a fim de premunir os seus adeptos da contaminação de auras alheias; isolam-nos dentro dum certo sistema ritual; proíbem-nos de frequentar outros grupos filosófico-esotérico-espirituais, chegando ao extremo de reivindicar para seu grupo peculiar todos os privilégios de eleição divina e fulminando anátemas e excomunhões contra todos os que não comungarem das mesmas ideias.

Esse separatismo prova duas coisas: 1) o sincero desejo de progresso espiritual; 2) a consciência duma grande vulnerabilidade, que leva esses homens a se isolarem solicitamente contra influências heterogêneas, a fim de garantirem a homogeneidade do seu credo. Quem não possui segurança interna tem de engendrar seguranças externas. Quem não goza de perfeita saúde deve servir-se de muletas para poder andar. Quem não se sente assaz forte para viver puro entre impuros faz bem em tentar viver puro entre puros, ou os que lhe parecem puros.

Mahatma Gandhi não necessitava de escoras externas porque a sua experiência mística lhe havia dado perfeita segurança interna.

Capítulo 21

"Nunca ninguém me ofendeu"

Tempos atrás, quando li sobre a *brahmacharya* de Gandhi, considerava eu esse voto de abstenção sexual como o apogeu da heroicidade do místico libertador de si mesmo e da Índia.

Mais tarde, porém, descobri que há na vida de Gandhi uma heroicidade ainda maior: a sua perfeita *inofendibilidade*.

Pelo fim da sua existência terrestre, atingiu o Mahatma um estágio evolutivo para além do vingar dos viciosos e para além do perdoar dos virtuosos; conseguiu não ser atingido por ofensa alguma; conseguiu total imunidade contra as bactérias projetadas por qualquer ofensor; conseguiu não se sentir mais ofendido, tornar-se absolutamente inofendível.

O homem que atingiu essas alturas da inofendibilidade dá prova de ter ultrapassado a pequena egoconsciência humana e ter entrado na grande cosmoconsciência divina.

O único teste válido de uma verdadeira iniciação no mundo da cosmoconsciência é o fato de alguém ser totalmente imunizado contra qualquer sentimento de *ofendismo* crônico e de *ofendite* aguda. Enquanto o homem se move ainda no plano horizontal do ego, mesmo do ego virtuoso, é ele alérgico e vulnerável em face de ofensas e injustiças, e só pode assumir uma das duas alternativas do homem profano: ou vingar-se, ou perdoar o ofensor. O ego é como a água, sempre nivelada horizontalmente; toda a água, quando deitada num recipiente impuro, se torna impura. Nenhum ego pode conservar-se puro, indene de contaminação, em face de ofen-

Gandhi com o escritor indiano Rabindranath Tagore.

sas. Embora o ego virtuoso seja melhor que o ego vicioso, é uma ilusão que o ego virtuoso seja puro e incontaminável; o simples fato de o homem virtuoso perdoar ao ofensor é prova de que ele se sentiu ofendido; se não se sentisse ofendido, não teria nada que perdoar. E sentir-se ofendido é ser contaminado pelo ambiente do ego ofensor. Todo ato de perdoar prova contaminação.

Quando, porém, o homem transcende a horizontalidade aquática do ego humano e entra na verticalidade da luz do Eu divino, então — adeus contaminabilidade! Adeus alergia das circunstâncias ofensivas! Esse homem está para além da vingança e perdoação. Não existe luz impura. Pode a luz entrar nas maiores impurezas, ela sairá sempre pura como entrou.

E não dizia o maior dos Mestres: "Vós sois a luz do mundo"?

Quando o homem supera o ego ofendível e entra no Eu inofendível, então, e só então, atingiu ele as alturas da sua completa e definitiva libertação.

Pelo fim da vida, foi Gandhi interrogado se havia perdoado todas as ofensas que recebera da parte de seus ofensores, e o Mahatma pôde responder com verdade: "Nada tenho que perdoar, porque nunca ninguém me ofendeu".

O velho ego ofendível de Gandhi estava morto, desintegrado em si mesmo e integrado no novo Eu inofendível do Mahatma. E por isso, nada tinha o Mahatma que perdoar. Morto estava o ego com todas as suas ofendibilidades...

* * *

O maior feito de Gandhi não foi a libertação da Índia da tirania dos ingleses — o maior feito do Mahatma foi a libertação de si mesmo da tirania do seu próprio ego. Grande foi a sua libertação corporal pela *brahmacharya* — incomparavelmente maior, porém, foi a libertação do seu ego-mental-emocional pela conquista da perfeita inofendibilidade.

Capítulo 22

A *BHAGAVAD GITA* NA VIDA DE GANDHI

Já que as páginas da *Bhagavad Gita* exerceram influência decisiva e permanente na formação do caráter de Gandhi e determinaram o curso dos principais eventos da sua vida, não podemos deixar de dizer duas palavras sobre esse poema épico-místico do Oriente. Representa na vida dos indianos, dos chineses, dos japoneses e dos povos orientais em geral, mais ou menos o mesmo que o Antigo Testamento é para os israelitas, o Novo Testamento para os cristãos, e o Alcorão para os muçulmanos.

A *Bhagavad Gita* (*"Sublime Canção"*) faz parte da volumosa epopeia indiana da *Mahabharata*, que abrange centenas de milhares de versos, ao passo que a *Bhagavad Gita* tem apenas 770, distribuídos por 18 capítulos, integrando um volume aproximado dos nossos quatro Evangelhos. Esses volumes, pequenos em dimensão material, são os grandes livros espirituais da humanidade do Oriente e do Ocidente.

A *Bhagavad Gita* narra, em forma simbólica, a história evolutiva do indivíduo humano, podendo, por isso, ser comparada aos primeiros capítulos do *Gênesis*, que descrevem a transição do homem subconsciente (Éden) para o homem consciente (serpente) e rasga perspectivas para as alturas do futuro homem superconsciente (poder superior à serpente), como expus largamente no meu livro *Lúcifer e Logos*.

Bem sei que a explicação habitual do Gênesis não é esta, porque as igrejas falam aos exotéricos, mas sei também que o sentido esotérico, real e eterno, é este.

Da mesma forma, nem todos compreendem o verdadeiro sentido da *Bhagavad Gita*; sendo encontrada em suas páginas até a recomendação de uma "guerra justa".

O poema resume-se, praticamente, num longo diálogo entre Arjuna e Krishna. Arjuna (irredento, não liberto) representa o homem profano, a *persona* do ego físico-mental-emocional, o homem ainda não liberto da velha escravidão, embora desejoso dessa libertação. *Krishna* (Cristo) é o próprio Deus em forma humana.

O jovem príncipe Arjuna vê usurpado o seu trono, e resolve reconquistá-lo à força de armas. Mas, quando enfrenta as hostes adversas, no campo Kurukshetra, verifica, com espanto e dolorosa surpresa, que seus inimigos são todos parentes dele — e deixa cair, desanimado, arco e flecha. Que vale possuir um trono e não ter parentes?

Aparece então Krishna e dá ordem ao príncipe desanimado a lutar e reconquistar o trono, derrotando seus usurpadores.

Finalmente, após muita relutância, resolve Arjuna lutar, e reconquista o seu legítimo trono e domínio.

Quem é Arjuna?

É a alma humana.

Quem são os usurpadores do trono?

São as faculdades inferiores do homem, o corpo, a mente, as emoções, a sua *persona*-ego, que, antes do despertar da alma, se apoderaram dos domínios dela, arvorando-se em legítimos senhores e donos da vida humana.

Surge então o espírito divino que habita no homem e faz ver à alma que ela é a legítima proprietária e soberana desse reino e deve submeter a seu domínio as potências usurpadoras, corpo, mente, emoções, todas as faculdades da *persona*-ego.

O texto paralelo do *Gênesis* diz que aquele novo poder que nascerá nas profundezas do homem "esmagará a cabeça da serpente", o que, na linguagem esotérica de Moisés quer dizer que, um dia, a "razão crística" superará o "intelecto luciférico" — e surgirá então o homem integral, o homem cósmico, o homem cristificado.

Gandhi compreendeu intuitivamente que a *Bhagavad Gita* não justifica as violências duma pretensa "guerra justa", mas enaltece a vitória do homem superior sobre o humano ego.

E, obediente à voz da sua natureza místico-dinâmica, procurou o grande líder realizar na sua vida essa integração das faculdades inferiores do espírito superior da sua natureza.

Mais tarde, em Londres, travou Gandhi conhecimento com os Evangelhos, e encontrou no Sermão da Montanha esse mesmo espírito de total integração do pequeno ego humano no grande Eu divino. A sua vida é a melhor ilustração para a *Bhagavad Gita* e uma deslumbrante concretização da alma do Sermão da Montanha.

Gandhi com o seu famoso cajado,
em uma de suas longas caminhadas diárias.

Capítulo 23

Que dizem de Gandhi?

Mahatma Gandhi, diz seu íntimo amigo, o grande escritor-filósofo Romain Rolland, "é o santo que, para todos os povos do Ocidente, renovou a esquecida e atraiçoada mensagem de Cristo".

Stephen Hobhouse saúda-o em nome daqueles que "vivem à sombra de Jesus Cristo como membro da mesma sociedade e concidadão da eterna Cidade de Deus".

Maude Royden vê em Gandhi o grande cumpridor do Sermão da Montanha, que envergonha todos os cristãos — "o melhor cristão do mundo de hoje é um hindu".

Para F. Heiler, é o Mahatma, em certo sentido, "um missionário cristão".

"Nem sequer os mais belos títulos da hagiografia cristã", diz Otto Wolff, "parecem suficientes para designar o característico de Gandhi".

Arthur Moore vê na vida prática do grande indiano um "Cristianismo aplicado, ou até coisa melhor".

Einstein, já citado no início deste livro, acha que "futuras gerações dificilmente acreditarão que tenha passado pela terra, em carne e osso, um homem como Gandhi"; alguns até dirão que se trata dum mito.

Que provam estes e inúmeros outros pronunciamentos congêneres?

Provam que se está operando, no mundo cristão do Ocidente, uma grande reviravolta de mentalidade quanto à concepção do Cristianismo. Outrora — e no meio da massa dos simples crentes, até hoje — era cristão somente aquele que pertencia a uma determinada igreja ou denominação religiosa, que era batizado, professava certo credo, recebia sacramentos e obedecia a uma autoridade eclesiástica, ou então professava aceitar o Jesus Cristo da Palestina como seu "salvador pessoal", e o preço dessa salvação era o derramamento do sangue físico de Jesus.

Para Gandhi, e alguns outros homens de alta espiritualidade, ser cristão não é aceitar um certo credo, mas viver em certa vida, uma vivência ética nascida de uma experiência mística; o primeiro mandamento do amor de Deus manifestado no segundo mandamento do amor aos homens — isto é, para esses homens, a quintessência da mensagem de Cristo, consubstanciada no Sermão da Montanha.

Cristo é, para eles, aquele "que era antes que Abraão fosse feito", aquele que o Salmista, em espírito profético, chama "meu Senhor", aquele que estava "na glória de Deus antes que o mundo fosse feito", anterior a anjos e arcanjos", aquele "pelo qual, no qual, e para o qual foram feitas todas as coisas, visíveis e invisíveis".

Cristo é o espírito de Deus individualizado no mundo da pessoa humana de Jesus de Nazaré, como também em outros veículos, antes e depois dele.

Gandhi, na sua admirável clarividência, encontra no Sermão da Montanha a alma genuína da mensagem de Cristo, em toda a sua profundeza mística e em toda a largueza ética. Se, algum dia, a humanidade se unir no espírito de Cristo, só se pode realizar essa fusão unitiva dentro dos moldes desse documento puríssimo de espiritualidade universal, não sectária, ultradogmática, que o Evangelista Mateus nos conservou nos capítulos 5, 6 e 7 da sua mensagem crística. É o mais perfeito documento de autorrealização.

Nesse sentido foi Gandhi, sem dúvida, um dos maiores discípulos de Cristo, um homem que tomou a sério e realizou com inexorável sinceridade a mensagem do Nazareno à humanidade.

Os teólogos profissionais percebem, com crescente inquietação, essa progressiva mudança de situação e mentalidade, que para eles significa uma ameaça, porque ingrata diminuição de prestígio e prosperidade, embora para a causa divina do Cristo e seu Evangelho seja auspicioso incremento.

Diante da humanidade da Era Atômica delineia-se, cada vez mais nitidamente a alternativa: *"Redenção pelo Cristo — ou pelo clero?"*.

O teólogo ortodoxo não admite redenção pelo Cristo sem o clero; considera a sua classe como *conditio sine qua non* da redenção do gênero humano, porque se tem em conta de um canal indispensável pelo qual fluam, para a humanidade, as águas vivas de Cristo; e pelo "Cristo" entende ele apenas aquele Jesus de Nazaré, e não o Cristo eterno e universal que, segundo a sua própria promessa, está conosco "todos os dias até a consumação dos séculos".

Os primeiros séculos do Cristianismo ignoravam uma intermediação clerical, a qual começou a prevalecer nos princípios do quarto século, sob a égide do imperador pseudo-cristão Constantino Magno, culminou no século 13 e continua a vigorar no seio das massas cristãs, não devidamente cristificadas.

Entretanto, na razão direta que a humanidade se vai tornando espiritualmente adulta, prevalece a alternativa genuinamente crística: Redenção pelo Cristo!

Qualquer pessoa pode apropriar-se dessa redenção, sem intervenção de terceiros, contanto que crie em si o respectivo ambiente de receptividade, que supõe fé e vida, ou melhor, uma vivência ética dentro do espírito místico, isto é, o "segundo mandamento" como manifestação do "primeiro mandamento", ou seja, a alma do Sermão da Montanha. Terceiros, é verdade, podem ajudar-nos a criarmos esse ambiente propício, mas ninguém pode servir de intermediário causal entre o homem redimível e o Cristo redentor.

Conforme o homem se aproxima de Cristo, emancipa-se do auxílio dos cristãos, adquirindo, gradualmente, independência e autonomia espiritual.

Mahatma Gandhi é um dos arautos desse Cristianismo puro e genuíno, que professa redenção pelo Cristo eterno e interno.

Se a *Era do Aquário*, alvorada do Terceiro Milênio, simboliza o triunfo do *saber experiencial* das coisas divinas, e não apenas o *crer teológico*, que parece ter sido a característica dos dois milênios da *Era do Pisces* — então podemos saudar o grande líder da Índia como um dos arautos desse novo período evolutivo da humanidade, o período do conhecimento da Verdade libertadora.

"A religião da humanidade do futuro" — escreveu Radhakrishnan, antigo vice-presidente da Índia — "será a mística", isto é, a experiência mística da paternidade única de Deus manifestada na vivência ética da fraternidade universal dos homens.

Capítulo 24

O SANGUE DO MAHATMA SIGILANDO A AMIZADE ENTRE DOIS PAÍSES

Na meia-noite de 14 de agosto de 1947, em Nova Délhi, foi proclamada, pelo último governador, britânico, a independência nacional da Índia. Neste memorável documento de emancipação política, disse o governador Mr. Mountbatten, o seguinte: "O arquiteto da Independência não se acha entre nós nesta noite; mas ele está presente no coração de cada um de nós".

E onde estava Gandhi, nesta noite?

Andava longe, do outro lado da Índia, pacificando os muçulmanos do Paquistão, e construindo casas para os pobres; só mais tarde chegou a saber da proclamação da independência.

Terminara a luta pacífica de meio século. Pela primeira e única vez nos anais da história da humanidade, fora libertado um país de centenas de milhões de habitantes sem derramamento de sangue, sem armas materiais, mas unicamente pela força do espírito de um homem extraordinário.

A benevolência da *alma* suplantara a violência das *armas*.

Uns milênios atrás conseguira Moisés libertar o seu povo — menos de 1 milhão de pessoas — da opressão do poder militar dos faraós do Egito; não recorreu a armas materiais, mas valeu-se da invisível violência da magia mental, das pragas que desencadeou sobre o Egito e do "anjo exterminador" que numa única noite, sem instrumento físico, trucidou todos os primogênitos dos inimigos. Gandhi, porém, ultrapassou Moisés, libertando seu povo, sem violência material nem violência mental, mas com benevolência espiritual.

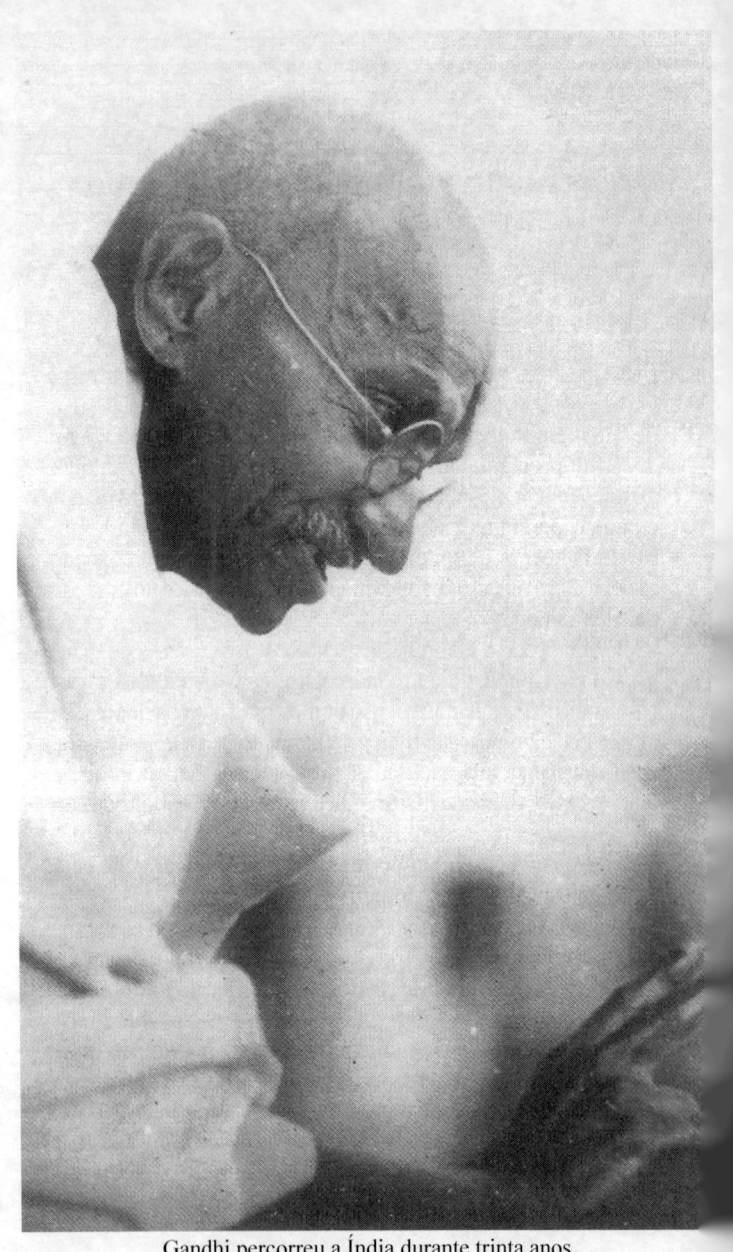

Gandhi percorreu a Índia durante trinta anos,
levando sua mensagem de amor e fraternidade.

Em vez de um animal ou duma ave de rapina, como é de praxe entre as nações militaristas do ocidente cristão, mandou Gandhi pôr na bandeira nacional a roda de fiar, instrumento essencialmente pacífico; mas nem todos estavam maduros para tão altas cogitações.

O grande chefe bem previra o que ia acontecer. O Paquistão, habitado por uns 50 milhões de muçulmanos, acabava de ser desmembrado da antiga Índia e se tornara país independente. Gandhi advogava essa divisão pacífica; mas nem todos os seus patrícios perfilhavam o seu modo de pensar e agir. Apenas declarada a independência dos dois países, acentuaram-se sangrentos conflitos entre indianos e árabes. Gandhi, intrépido, foi percorrendo os dois países em luta, exortando, suplicando que respeitassem a vida uns dos outros; mas as paixões exacerbadas sufocavam a voz do arauto da paz e da harmonia.

No dia 13 de janeiro de 1948 resolveu Gandhi lançar mão, mais uma vez — e pela vez derradeira — da sua "arma secreta" em prol da paz, iniciando o mais rigoroso jejum da sua vida. O seu corpo franzino, de quase oitenta anos de vida, só a custo resistiu ao rigor dessa iniciativa. O seu peso baixou para 50 quilos.

Um amigo dele, de Nova Délhi, convidou-o para sua confortável residência, onde Gandhi recebia os visitantes indianos e muçulmanos e presidia à campanha espiritual do culto religioso realizado cada dia, ao cair da noite. Como os primeiros discípulos do Nazareno, tentou debelar as forças sinistras da matéria pelos poderes luminosos do espírito.

Numa dessas noites, regressando do lugar da oração coletiva, explodiu uma bomba ao lado dele, fabricada por um de seus patrícios, que não concordava com a cessão do Paquistão e as relações amistosas que Gandhi mantinha com os muçulmanos. Felizmente, ninguém foi atingido pelo engenho mortífero, e Gandhi continuou, impávido, as suas reuniões vespertinas pró-paz.

O presidente Nehru visitou o seu grande mestre espiritual, chorando amargamente ao vê-lo reduzido a um esqueleto vivo.

Deitado num primitivo catre, Gandhi escutava os cânticos religiosos que um coro de meninas costumava cantar; além de cânticos do ritual hindu, deliciava-se a alma do Mahatma sobretudo com dois hinos das igrejas cristãs, cujas primeiras palavras são as seguintes: *"Lead, kindly light"* (Guia-me, luz benigna) e *"When I survey thy wonderous cross"* (Quando contemplo tua maravilhosa cruz). Esses cânticos eram o eco fiel da alma do grande místico e sofredor.

A bomba lançada contra Gandhi falhara o alvo, mas o criminoso hindu, por nome Madan Lal, não era apenas uma pessoa isolada; por detrás dele existia um vasto complô de conspiradores, que consideravam Gandhi o inimigo número um da Índia, por não ter declarado guerra aos muçulmanos, mas cedido o Paquistão aos mesmos; o "patriotismo" desses conspiradores não admitia semelhante "covardia" e "traição"...

Um deles era um hindu, por nome Nathuram Vinayak Godse, editor de um semanário pró-Índia. Godse declarou, mais tarde, que considerava o Islã o maior inimigo externo da Índia, e Gandhi o pior inimigo interno.

Na tarde de 30 de janeiro de 1948, pouco depois das 5 horas, dirigia-se Gandhi novamente ao lugar da oração, apoiado em dois de seus devotos, porque a extrema debilidade não lhe permitia andar sozinho.

O chefe de polícia, receando novo atentado, seguia ao lado de Gandhi, levando uma pasta fechada. Gandhi perguntou-lhe o que levava nessa pasta e, não tendo resposta, observou com tristeza: "Já sei... uma arma de fogo para me defender... Enquanto uns ainda devem matar para defender os outros, eu não cumpri ainda a minha missão. Morram milhares como eu, mas triunfe a Verdade!

Foram essas as últimas palavras de Gandhi, antes do atentado.

Nathuram Godse, com a mão direita no bolso, segurava um revólver. Gandhi saudou-o, à maneira hindu, juntando as palmas das mãos à altura do peito e inclinando a cabeça em gesto de fraternidade, dizendo *"namasté"*. Godse correspondeu rapidamente à saudação simbólica, porque, como mais tarde confessou perante o tribunal, sentia a maior simpatia pessoal por Gandhi, mas o seu patriotismo o obrigava a matar o inimigo número um da Índia. Depois da saudação, sacou do revólver e desfechou diversos tiros contra Gandhi. Este tombou imediatamente, murmurando: *Rama, Rama!...* Um amigo inclinou-se sobre o agonizante e percebeu o pedido formulado com voz débil que não castigassem o autor da sua morte.

E expirou.

O assassino foi preso e condenado à forca. Interrogado sobre a razão pela qual matara Gandhi, respondeu calmamente que agira por dever de patriotismo. À pergunta se não competia aos poderes públicos impedir que Gandhi prejudicasse a Índia, Godse sorriu cinicamente e replicou: "Que pode o governo da Índia fazer contra esse homem, quando empreende suas campanhas de oração?"...

O corpo de Gandhi, depois de visitado por imensa multidão de amigos e devotos, foi cremado, e suas cinzas lançadas às águas do rio sagrado, Ganges.

Se um muçulmano tivesse assassinado o grande chefe, teria sido inevitável uma guerra sangrenta entre a Índia e o Paquistão; mas, como o criminoso foi um patrício de Gandhi, aconteceu algo de inesperado: o sangue do apóstolo da paz selou a amizade entre os dois povos que, irmanados na mesma dor, prantearam a "grande alma" que acabava de abandonar aquele corpo franzino.

Os grandes heróis do espírito vivem mais intensamente depois da morte do que antes dela.

Capítulo 25

DO DIÁRIO DE KASTURBAI, ESPOSA DE GANDHI

Do conhecido livro *Autobiografia de um Iogue*, de Paramahansa Yogananda, que foi amigo íntimo da família de Gandhi, transcreveremos os seguintes tópicos duma espécie de diário de Kasturbai:

Eu te agradeço pelo privilégio de ter sido, pela vida inteira, tua companheira e auxiliar.

Eu te agradeço pelo mais perfeito matrimônio do mundo, baseado não em sexo, mas sim em brahmacharya.[1]

Eu te agradeço por me teres considerado igual a ti, em tua obra pela Índia.

Eu te agradeço por não seres daqueles maridos que gastam o seu tempo em jogatinas, corridas, mulheres, bebedeiras e farras, cansados de esposa e filhos, assim como as crianças se cansam dos brinquedos da sua infância.

Eu te agradeço por não seres daqueles maridos que empregam o seu tempo para se tornarem ricos, explorando o trabalho alheio.

Como te sou grata porque puseste Deus e a pátria acima das tuas ambições; porque tiveste a coragem de viver as tuas convicções e uma fé profunda e integral em Deus. Como sou

---

[1] *Brahmacharya* (consagrada a Brahma) é abstenção ou disciplina sexual. A partir dos 40 anos de sua vida, Gandhi, de perfeito acordo com sua esposa, manteve abstenção sexual total, a fim de focalizar todas as suas energias na realização da sua missão superior.

grata por um marido que pôs Deus e a pátria acima de mim! Eu te sou grata pela tolerância que tiveste com as fraquezas da minha mocidade, quando eu resmungava e me revoltava contra a mudança que fizeste em nossa vida, fazendo-nos passar de tanto para tão pouco.

Quando criança, vivia eu na casa de teus pais; tua mãe era uma grande e boa mulher; educou-me e ensinou-me a ser uma esposa boa e corajosa, e manter amor e respeito para com seu filho, meu futuro esposo.

Quando, no decorrer dos anos, tu te tornaste o mais amado líder da Índia, não tive nenhum dos temores que assaltam a mulher quando seu marido galga as alturas da celebridade, como tantas vezes acontece em outros países; eu tinha a certeza de que ainda a morte nos encontraria esposo e esposa.

Acrescenta Paramahansa Yogananda: "Quando alguém mencionava Mahatma Gandhi como marido de Kasturbai, ela corrigia: *Gandhi é meu marido, mas o Mahatma é meu guru*" — isto é, seu mestre espiritual, ao qual ela obedecia como humilde discípula, com perfeita docilidade.

Pelas mãos de Gandhi passavam anualmente cifras fabulosas para libertação da Índia e para as obras de assistência social, e Kasturbai funcionava como tesoureira; não usava joias; tudo ia para a caixa do bem público. Os maridos não queriam que suas esposas usassem joias de valor quando iam às reuniões de Gandhi, com medo de que a fascinante personalidade do Mahatma fizesse desaparecer tudo no cofre do bem público.

Através da vida do grande líder místico e político da Índia se evidencia, com irrefutável clareza, a verdade de que a autêntica "fascinação" nada tem que ver com atributos físicos, que faltavam todos a Gandhi, mas que a força avassaladora do homem superior irradia do seu centro invisível, quando esse centro da consciência individual se acha em contato permanente e íntimo com a própria Consciência Universal, com a Divindade, alma do Universo.

Capítulo 26

Vinoba Bhave, o sucessor místico-agrário do místico-político Mahatma Gandhi

Quando um grande homem morre materialmente em um lugar, então é que ele começa a viver espiritualmente por toda a parte.
É o que está acontecendo com Mahatma Gandhi. Assassinado fisicamente em janeiro de 1948, vive ele espiritualmente na alma de milhões de homens.
Vinoba Bhave prometera a Gandhi continuar a obra dele, em outro setor. Depois de alcançada a libertação nacional pelo grande místico, em agosto de 1947, faltava que alguém conquistasse, para essas centenas de milhões de indianos, a emancipação econômica, que consistia, principalmente, na solução do doloroso problema agrário. Um grupo de marajás e outros latifundiários monopolizaram a maior parte das terras da Índia sem as fazerem produzir devidamente. Daí os grandes flagelos de carestia e fome que assolavam periodicamente o país, dizimando a população.
Aparece então um místico-agrário para continuar e completar a missão do místico-político, dentro do mesmo espírito de total desinteresse e irresistível benevolência.
Vinoba, esse esqueleto ambulante de 65 anos de idade, é um jovem exuberante de dinamismo realizador, porque o espírito não tem idade. Já conseguira de 250 mil proprietários a cessão de terras num total de 44 milhões de acres (cerca de 1.619.000 hectares), que foram distribuídas gratuitamente

aos camponeses da Índia, aumentando consideravelmente a produção agrícola e diminuindo o perigo da fome.[1]

Pedimos vênia à revista Manchete para reproduzir a brilhante reportagem que esta publicou, em 1959, sobre esse extraordinário homem e digno sucessor de Mahatma Gandhi:

"Venho saqueá-los com amor" — é o que costuma dizer o estranho líder indiano, que procura tirar dos que têm para dar aos que não têm. Chamado afetuosamente "o Babaji" (paizinho), esse homem magro, de pele bronzeada, rosto sulcado, barbas brancas e vista cansada, que o obriga a usar óculos bifocais, é um partidário antigo da satyagraha *e da* ahimsa. *Por isso, foi com bons modos que ele investiu contra os latifundiários da Índia, impondo-lhes uma reforma agrária* sui generis *e que continua em marcha. Esse saqueador de terras é uma espécie de Robin Hood moderno, sem arco e sem flechas, que nada quer para si, mas tudo quer para o povo.*

O novo Gandhi que surgiu na Índia tem arrastado verdadeiras multidões com o prestígio de sua palavra e o exemplo de seu idealismo e de sua vida ascética. Começou ele uma nova e importante revolução: a da terra. Como Gandhi, seus meios de ação repelem qualquer violência. Seu desejo é convencer e provocar, por parte dos latifundiários, um movimento espontâneo que tenha como objetivo a melhor distribuição e utilização da propriedade territorial. Esta, no seu entender, não deve ser de alguns, mas de todos. É um vasto movimento de coletivização dos bens básicos, sem nada de compulsório, baseado no consentimento que esse idealista pretende obter de todos.

Parece algo de espantoso e inexequível?

Igualmente absurdo e aparentemente inexequível parecia ser o plano de Mohandas K. Gandhi para libertar a Índia do guante imperialista da Inglaterra. Resistência passiva, braços cruzados contra metralhadoras, greve de fome, não cooperação, desobediência civil, tudo isso parecia ridículo

---

[1] Estes dados se referem a 1959.

diante do poderio britânico. Mas, em verdade, Gandhi conhecia o seu povo e adotara uma atitude política e filosófica que, fundada no estoicismo e nas virtudes ascéticas, de que era o primeiro a dar provas, viria a ser o único instrumento eficaz contra os males do colonialismo e a dureza desumana da ocupação britânica.

O novo Gandhi chama-se atualmente Vinoba Bhave. Nasceu a 11 de setembro de 1895, em Gagode, cidade que fazia parte do progressista Estado de Baroda, cujo opulento marajá, Gaekwar, desfrutava de vários palácios, cercado de tal pompa que ao redor de um deles existiam, para guardá-lo, canhões de ouro e prata! Do tesouro desse potentado nababesco fazia parte o famoso diamante brasileiro Estrela do Sul, um dos maiores do mundo. O pai do novo Gandhi foi empregado do Departamento de Corantes de Buckingham Mills e, mais tarde, funcionário público. Pretendia dar ao filho boa educação, para que ele se tornasse um engenheiro e enriquecesse.

A RIQUEZA E A TERRA DEVEM SER DE TODOS

Queria educá-lo bem, aproveitando a aptidão que revelava para a matemática. Mas o jovem era um místico. Desprezava a riqueza. Não queria ser um industrial, um magnata. Quando o pai o enviou para fazer o exame de admissão na Universidade de Bombaim, arquitetou uma fuga. Foi para Benares, a cidade santa, estudar o sânscrito e a interpretação das escrituras do hinduísmo. Aos 21 anos, já dominava o sânscrito como um mestre, um pandit. *Longe da influência paterna, tornou-se um asceta e viveu como um mendigo. Banhou-se nas águas do Ganges, submeteu-se aos rigores da autodisciplina e impôs tais privações a si mesmo e aos seus companheiros, que um deles morreu de inanição.*

No ano de 1916, produziu-se o mais importante acontecimento de sua vida: travou conhecimento com Gandhi. O Mahatma *trocou-lhe o nome, de Vinyak Achary Narahari Bhave para Vinoba Bhave, que conserva em homenagem ao mestre. Aderindo à causa de que Gandhi se tornou o extraordinário apóstolo, sofreu por cinco vezes as agruras da prisão. Tímido, faz um esforço sobre si mesmo, para bem desempenhar a missão que se impôs. Um dos seus amigos e admiradores define-o assim: "É igual a um côco: temos de romper o invólucro para chegar à água refrescante. Vinoba domina a arte de se esconder em si mesmo". Depois de um retiro espiritual ao lado de Gandhi, este procurou reconciliá-lo com os pais, escrevendo-lhes: "Vinoba está comigo. Vitórias espirituais como as dele eu só as consegui depois de muito esforço". Fisicamente — embora não fisionomicamente — Vinoba assemelha-se a Gandhi. Seu corpo já foi comparado a uma vara: fino e resistente. Atormentado por uma úlcera crônica, é frágil de corpo, mas animado de grande energia, de inextinguível flama interior. Gandhi reconheceu-lhe os predicados de líder, quando o escolheu como o voluntário número 1 da resistência passiva, em 1940, e a Jawaharlal Nehru como o voluntário número 2. Este último revelou-se o estadista de gênio que tomaria sobre os ombros a tarefa gigantesca de unificação da Índia e de sua organização como país livre e soberano. Absorvido pelas tarefas de natureza política, à frente de um partido que detém quase 45% dos sufrágios do maior corpo eleitoral do mundo — a Índia tem 176 milhões de eleitores registrados — Nehru deixou a Vinoba a sucessão do* Mahatma, *como líder sem posto oficial do grande movimento de massas pelo qual a Índia poderá alcançar etapas novas no desenvolvimento da revolução social empreendida há pouco mais de quarenta anos.*

A campanha de Vinoba Bhave, conhecida como "Movimento Bhoodan", tem como legenda esta frase: "A riqueza e a terra devem ser de todos".

Para que se tenha ideia sobre a importância da sua campanha, basta considerar a desproporção entre a população da Índia — 400 milhões de criaturas — e a área agricultável, a terra fértil de onde deve sair o alimento para todos. Enquanto nos Estados Unidos é de 2,3 acres por pessoa, na Rússia 1,3 acres, na Europa de 1 acre, na Índia é apenas de 0,6 de um acre por pessoa. O que Vinoba pretende é aca-

bar com a ideia de propriedade pessoal, de sorte que cada um possa ter o que corresponda à sua capacidade e à sua necessidade. De certa forma, a mentalidade indiana está preparada para essa revolução sem violência. Outrora, não existia ali o conceito de propriedade privada. Desde tempos imemoriais, prevalecia o sistema de trabalho comunitário, baseado na concepção de que a terra pertencia ao Estado e de que a este devia caber, por isso, uma parte considerável dos produtos do solo. Havia, em cada aldeia, ou comunidade, uma espécie de corporação de agricultores, chefiada por um indivíduo, que era o responsável perante o fisco. Feita a colheita, era a produção reunida, para que o zamindary *ou coletor, separasse a terça parte, correspondente ao Estado. O resto era, então, distribuído igualmente por todos. Com a dominação inglesa na Índia, esses conceitos se alteraram, passando a predominar em largas áreas do país a noção de propriedade privada, tal como é entendida em todo o mundo ocidental.*

A ideia de Vinoba encontra, assim, uma base histórica. Uma de suas intenções, ao lançar tal campanha, é a de trabalhar no sentido de elevar o padrão de existência do povo indiano. Em Bhoodan, os trabalhadores do campo já constituíram o que foi sugestivamente denominado a "Primeira Célula Social da Nação". Ali não há industrialização e toda a vida emerge do solo. Vinoba pede aos proprietários de terras que se coloquem na posição dos que têm por si apenas os braços, sem um só palmo de chão. E lhes diz: "Se levardes em conta os seus sentimentos, não podereis deixar de distribuir com eles o que vos sobra. Esse deve ser o vosso **Dharma** *(religião). "O novo Gandhi diz que o primeiro passo é esse: se compreendermos que tudo o que possuímos, em matéria de dinheiro, propriedade e conforto, foi conquistado com a ajuda do braço alheio, com o esforço coletivo, não hesitaremos em dividir o que nos sobra, com os outros. Por outro lado, se contrairmos a obrigação de dividir os nossos bens com a coletividade, não podemos pensar em adquiri-los por meio de atividades antissociais. Uma aceitação sincera do credo de Vinoba possivelmente porá fim a toda espécie de exploração,* *a todas as formas de corrupção, suborno, mercado negro e outras práticas desonestas. Em suma: ele quer colocar em primeiro lugar o homem. E só depois do homem, o dinheiro. Se conseguir atingir tão alto e nobre objetivo, terá libertado uma grande soma de energia para aumentar a produção da riqueza, não para o proveito de poucos, mas de todos.*

O novo Gandhi, embora sem ter, como o outro, sólida educação universitária, possui aguda inteligência e extraordinária capacidade de armazenar conhecimentos. Fala correntemente dezoito das numerosas línguas existentes na Índia, das quais a dominante é o hindi, do grupo ariano, falada por 47% da população. Além dessas, domina mais quatro idiomas estrangeiros: árabe, persa, francês e inglês. Sua experiência poderá mudar a face da Índia rural, produtora de cevada, milho, arroz, trigo, batata, fumo, chá, algodão, linhaça, amendoim, gergelim, etc. A Índia luta contra obstáculos oferecidos pelas regiões áridas e desertas, por um lado, e contra o flagelo das inundações e dos gafanhotos, nas terras de bom rendimento agrícola. Essa experiência começou em 1951, com a doação, em Telengana, de um trato de cerca de 300 hectares de terras férteis, por um proprietário que, abrindo singular precedente, acedeu aos seus insistentes rogos. Desde então continuou a fazer pedidos. Anda sempre a pé. Sua simplicidade e maneiras francas conquistaram simpatia e confiança por toda parte. Como Gandhi, nada quer para si. Contenta-se com o mínimo possível. Basta-lhe ter um lençol com que cobrir a nudez e uma pequena tigela de coalhada com mel de abelha em cada refeição. Quando é recebido pelos proprietários de terras, costuma dizer-lhes: "Sou vosso filho, sou um membro da vossa família". Seus apelos diretos quase nunca são feitos em vão. No fim do ano de 1958, o Bhoodan Yagna — ou Missão da Terra Doada — tinha recebido mais de 1.618.800 hectares quadrados de terra, doados por 250 mil grandes proprietários. Dessas doações, 22.663 hectares quadrados já foram distribuídos a 14 mil famílias de agricultores. É interessante assinalar, além disso, que 4.640 aldeias inteiras estão integradas no movimento, isto é, coletivizadas.

Além da terra, os lavradores estão recebendo fornecimento de sementes, arados e outros implementos. E são, ainda, beneficiados por obras de irrigação, financiadas pelo Sampattidan — palavra que significa ofertas sacrificiais de riquezas, ou doações em dinheiro. Cada aderente ao Sampattidan assume com o novo Gandhi o compromisso de doar uma parte de suas rendas ao movimento. Um dos aspectos interessantes dessas doações é o de que devem corresponder a pelo menos um sexto ou um quinto dos gastos do doador com a manutenção de sua família. E, além de custear o material agrícola, obras de irrigação, etc., devem os donativos também servir à divulgação dos princípios do movimento, por meio de livros e panfletos. Vinoba Bhave é autor de um livro que já está publicado em doze línguas indianas, com um total de mais de um milhão de exemplares. Ele afina inteiramente com Gandhi quando proclama: "Há uma chama dentro de cada indivíduo e não pode ser extinta ainda que o desejemos. O bem de cada indivíduo está incluído no bem de todos". Se a Índia o acompanhar na partilha voluntária dos bens, a começar pelo solo, Vinoba Bhave terá realizado um dos feitos mais extraordinários do nosso tempo. O que ele realizou em oito anos já lhe dá a estatura de um grande líder. Ele é o novo Gandhi, esperança dos miseráveis, guia dos sem-terra, líder pacífico de uma revolução sem paralelo.

Todos os dias Gandhi fiava na velha roda da qual havia feito o emblema da sua mensagem.

Segunda parte

Pensamentos de Gandhi

Gandhi é um dos arautos do cristianismo puro e genuíno,
que professa redenção pelo Cristo eterno e interno.

Assim pensava o Mahatma

Viver cotidiano

1. Creio poder afirmar, sem arrogância e com a devida humildade, que a minha mensagem e os meus métodos são válidos, em sua essência, para todo o mundo.

2. Tudo o que vive é o teu próximo.

3. As enfermidades são os resultados não só dos nossos atos como também dos nossos pensamentos.

4. O que pensais — passais a ser.

5. Foi a minha mulher que me ensinou a não violência, quando tentei dobrá-la à minha vontade. Assim, ela tornou-se o meu mestre da não violência.

6. Não sou um utópico — sou um idealista prático.

7. Minha ambição é tão alta que por ela vale a pena viver e vale a pena morrer.

8. *Satyagraha* e *Ahimsa* são como duas faces da mesma medalha, ou melhor, como as duas faces de um pequeno disco de metal liso e sem incisões. Quem poderá dizer qual é a certa? A não violência é o meio; a verdade, o fim.

9. *Satyagraha* — a força do espírito não depende do número; depende do grau de firmeza.

10. Se um único homem chega à plenitude do amor, neutraliza o ódio de milhões.

11. Acho que vai certo método através das minhas incoerências. Creio que há uma coerência que passa por todas as minhas aparentes incoerências — assim como há na natureza uma unidade que permeia as aparentes diversidades.

12. O desejo sincero e profundo do coração é sempre realizado; em minha própria vida tenho sempre verificado a certeza disso.

13. A vida é a maior de todas as artes.

14. Não há beleza sem verdade. Dizem que Sócrates era o maior amigo da verdade em seu tempo — e, no entanto, consta que as suas feições eram as mais feias da Grécia. Na minha opinião, ele era belo, porque toda a sua vida estava empenhada na busca da verdade.

15. O homem não tem de obedecer a ninguém senão ao seu próprio EU.

16. O silêncio é um grande auxílio para quem, como eu, está em busca da verdade.

17. A minha vida é um Todo indivisível, e todos os meus atos convergem uns nos outros; e todos eles nascem do insaciável amor que tenho para com toda a humanidade.

Verdade

18. A palavra *satya* (verdade) deriva de *sat* que quer dizer SER.

É por isso que *sat* é, talvez, o nome mais importante de Deus.

Dizer: "a verdade é Deus" é mais exato que dizer: "Deus é a verdade".

19. Onde há verdade há verdadeiro conhecimento.

O nome *chit* (conhecimento) é normalmente associado ao nome de Deus.

20. Onde há conhecimento verdadeiro há sempre alegria.

Como a verdade é eterna, assim a alegria que dela deriva é eterna.

21. Por isso conhecemos Deus sob o nome de *Sat — Chit — Ananda*, ou seja, aquele que reúne em si a verdade, o conhecimento, a alegria.

22. O caminho da verdade é a verdadeira *bhakti* (devoção).
É o caminho que nos leva a Deus.
Só o respeito à verdade justifica nossa vida.

23. Eu vivo humildemente buscando a verdade.
A verdade é, portanto, o meu único fim.

24. Uma coisa lançou profundas raízes em mim: a convicção de que a moral é o fundamento das coisas, e a verdade, a substância de qualquer moral. A verdade tornou-se meu único objetivo. Ganhou importância a cada dia. E também a minha definição dela se foi constantemente ampliando.

25. Só vê o espírito da verdade face a face, na sua universalidade e sua compenetração com todas as coisas, quem é capaz de amar, como a si mesmo, também a mais mesquinha das criaturas.

26. Minha devoção à verdade empurrou-me para a política; e posso dizer, sem a mínima hesitação, mas também com toda a humildade, que não entendem nada de religião aqueles que afirmam que ela nada tem a ver com a política.

27. Alguma coisa dentro de mim me obriga a gritar minha agonia. Reconheci exatamente de que se trata. Aquela coisa que está em mim e não me engana nunca, diz-me agora: deves opor-te ao mundo inteiro, mesmo que tenhas de ficar só. Deves fixar o mundo nos olhos, mesmo que o mundo te veja com olhos rubros de sangue. Não temas. A verdade, essa pequena coisa tua que vive no coração, diz: deixa amigos, mulher, tudo, mas dá testemunho daquilo para que nasceste e pelo qual deves morrer.

28. O culto obstinado da verdade ensinou-me, em toda a minha vida, a estimar a beleza do compromisso... Muitas vezes isso pôs em perigo a minha vida e decepcionou meus amigos.

29. A verdade é dura como o diamante, e delicada como a flor do pessegueiro.

30. Nunca fiz da coerência um totem. Sou seguidor da verdade e digo o que sinto e penso em dado momento sobre dado problema, sem me preocupar com o que porventura possa ter dito antes. Na minha busca da verdade já repudiei muitas ideias. O que me interessa é a minha disponibilidade em obedecer ao chamamento da verdade — meu Deus — de momento a momento.

31. A minha preocupação não está em ser coerente com as minhas afirmações anteriores sobre determinado problema, mas em ser coerente com a verdade.

32. A experiência convence-me de que um bem permanente não pode nunca ser o resultado da mentira e da violência.
Nunca sacrificarei a verdade e o *ahimsa* (amor), nem pela liberdade de minha pátria.

33. Posso ser uma pessoa desprezível, mas quando a verdade fala em mim, sou invencível.

34. A verdade habita em todo o coração humano, e ali deve ser buscada. E é preciso deixarmo-nos guiar pela verdade, do modo que cada um a vê. Ninguém tem o direito de obrigar outrem a agir segundo a própria noção da verdade.

35. Acredita-se geralmente que, para obedecer à lei da verdade, basta dizer a verdade. No nosso *ashram* devemos dar à palavra *satya* (verdade) um significado bem mais amplo. A verdade deve sempre manifestar-se em nós.

36. E como se chega a esta verdade?

À verdade chega-se com um obséquio total e uma indiferença absoluta acerca de qualquer outra vantagem que a vida possa oferecer.

37. O que para um parece verdade, para outro pode parecer mentira. Mas não nos preocupemos com isso. Se nos empenharmos sinceramente na verdade, veremos que as diversas verdades são como folhas de uma árvore, que parecem diferentes mas que estão sempre na mesma árvore.

38. Só quem possui um profundo sentido de humildade pode encontrar a verdade. Se querem nadar no alto oceano da verdade, devem reduzir-se a zero.

39. O erro não se torna verdade por se difundir e multiplicar facilmente. Do mesmo modo a verdade não se torna erro pelo fato de ninguém a ver.

40. Toda a verdade abstrata é sem valor se não estiver encarnada em homens que a representam e provam estar prontos a morrer por ela.

Amor

41. O Amor é a força mais abstrata, e também a mais potente, que há no mundo.

42. O Amor e a verdade estão tão unidos entre si que é praticamente impossível separá-los.

São como duas faces da mesma medalha.

43. O Amor é o meio, a verdade é o fim.

Se usarmos o meio, cedo ou tarde chegaremos ao fim, à verdade, a Deus.

44. O *ahimsa* (amor) não é somente um estado negativo que consiste em não fazer o mal, mas também um estado positivo que consiste em amar, em fazer o bem a todos, inclusive a quem faz o mal.

45. A verdadeira beleza, aquela que eu pretendo, está em fazer o bem em troca do mal.

46. O meu amor não é exclusivo. Não posso amar os muçulmanos ou os hindus e odiar os ingleses.

47. O verdadeiro amor é sincero e desinteressado. Não tenho medo de ser, por isso, minoria. O trabalho mais eficaz sempre foi feito por minorias.

48. O *ahimsa* não é coisa tão fácil. É mais fácil dançar sobre uma corda que sobre o fio da *ahimsa*.

49. As discordâncias em família são resolvidas, habitualmente, com a lei do amor.

50. Creio que sou incapaz de odiar. Há pelo menos quarenta anos que procuro amar todo mundo, recorrendo a uma longa disciplina baseada na oração.

51. O teu inimigo se renderá não quando sua força se esgotar, mas quando o teu coração se negar ao combate.

52. Os homens são uma mistura de bom e de mau, mas em que o bom prevalece.

53. Nenhum homem é tão mau que não possa se autorrealizar.

54. A fibra mais dura derrete-se no fogo do Amor. Se não se derrete, quer dizer que o amor não é suficientemente forte.

55. O amor à verdade supõe a vontade de querer entender sempre o ponto de vista do adversário.

56. A verdade não se defende fazendo sofrer o adversário, mas tomando sobre si o sofrimento.

57. Só podemos vencer o adversário com o amor, nunca com o ódio.

58. A única maneira de castigar quem se ama é sofrer em seu lugar.

59. É o sofrimento, e só o sofrimento, que abre no homem a compreensão interior.

60. A nossa natureza é propensa a ver no adversário só o mal, a atribuir-lhe sempre o mal, talvez até aquele que não existe.
O mal que vemos nele depende quase sempre do nosso modo apressado e mesquinho de ver o homem.

61. Não há ninguém no mundo que tenha caído tão baixo que não possa ser convertido ao amor. Isto deveria ser um artigo de fé para todo o *satyagrahi*. Um *satyagrahi* procurará sempre vencer o mal com o bem, a ira com o amor, a falsidade com a verdade, a violência com a não violência. Não existe outro modo de purificar o mundo do mal.

62. Unir a mais firme resistência ao mal com a maior benevolência para com o malfeitor.

63. O homem vive livremente enquanto está pronto a morrer, se necessário, às mãos de seu irmão, mas nunca a matá-lo.

64. Não devem permitir em vocês o mínimo pensamento contrário à caridade, inclusive em relação àquele que se considera seu inimigo.

65. A única realidade a que aspiro é a verdade e a não violência. Não pretendo absolutamente, e não aspiro de forma alguma, a uma personalidade super-humana. A minha carne é corruptível como a dos fracos, e corro o risco incessante de me enganar. Mas reconheço os meus erros.

66. Cada um de nós tem um corpo, mas temos uma só alma. Os raios do sol são múltiplos, mas provêm da mesma fonte. Eu não posso separar-me de ninguém, mau ou bom.

67. Quem pode julgar? Não saímos todos do mesmo tronco? Não é, porventura, necessário servir a cada um conforme as suas necessidades e ver Deus nele sob qualquer parecença?

68. Foi sempre para mim um mistério o fato de alguns homens se sentirem satisfeitos com a humilhação de seu semelhante.

69. A minha fé não é fingimento: é uma realidade mais real que a mesa em que escrevo. Deus pede-me para servir homens ardendo de ódio, embora eu seja o mais miserável de todos. Pede-me para que sirva até o sacrifício supremo.

70. A minha natural inclinação para cuidar dos doentes transformou-se aos poucos em paixão; a tal ponto que muitas vezes fui obrigado a descuidar o meu trabalho...
Qualquer outra satisfação, qualquer outra ocupação empenhativa perde valor e se desfaz em nada perante o serviço prestado em espírito de alegria.

71. Não é exagero, é verdade pura: em meus convívios com os camponeses encontrei-me face a face com Deus, com o *ashimsa*, com a verdade. Quando quero analisar o que me permite ter a clara percepção de tal ideia, não encontro outros motivos além de meu amor pelo povo.

72. Quando a meu redor alguém morre de fome, a única preocupação que se apodera de mim é dar comida a esse faminto.

73. Um coração que ora é instrumento indispensável, e o coração aprende a orar quando servimos os outros.

74. O mundo está cansado de ódio.

75. Não serei eu um instrumento de paz entre as nações?

76. Bomba atômica? Teria coragem de a enfrentar com um ato de oração.

Não violência

77. A vida tem sentido quando estabelecemos o reino de Deus na terra, ou seja, quando tentamos substituir uma vida egoísta, nervosa, violenta e irracional por uma vida de amor, de fraternidade, de liberdade, e de raciocínio.

78. A não violência dos fortes é a força mais potente do mundo.
A não violência é a lei dos homens, a violência é a lei dos brutos.

79. A não violência é a mais alta qualidade da oração. A riqueza não pode consegui-la, a cólera foge dela, o orgulho devora-a, a gula e a luxúria ofuscam-na, a mentira esvazia-a, toda a pressa não justificada a compromete.

80. Para tornar-se verdadeira força, a não violência deve nascer do espírito.

81. Existe a não violência do fraco, do velhaco, mas dessa nunca resultará nada de bom.

82. Não violência não quer dizer renúncia a toda forma de luta contra o mal. Pelo contrário. A não violência, pelo menos como eu a concebo, é uma luta ainda mais ativa e real que a própria lei do talião, mas em plano moral.

83. A não violência não pode ser definida como um método passivo ou inativo. É um movimento bem mais ativo que outros que exigem o uso das armas. A verdade e a não violência são, talvez, as forças mais ativas de que o mundo dispõe.

84. Um *satyagrahi* conta exclusivamente com Deus, que é a ajuda dos indefesos... Sua força vem do íntimo, da fé em Deus. Deus torna-se seu escudo quando ele tiver deposto todas as armas terrenas.

85. Creio que a não violência é infinitamente superior à violência, e que o perdão é bem mais viril que o castigo...

86. Não sou um utópico: considero-me um idealista prático. A religião da não violência não é apenas para os *rishi* e para os santos; é também para gente comum.

87. A não violência, em sua concepção dinâmica, significa sofrimento consciente. Não quer absolutamente dizer submissão humilde à vontade do malfeitor, mas um empenho, com todo o ânimo, contra o tirano. Assim, um só indivíduo, tendo como base esta nossa lei, pode desafiar os poderes de um império injusto para salvar a própria honra, a própria religião, a própria alma e adiantar as premissas para a queda e a regeneração daquele mesmo império.

88. Este método pode parecer demorado, muito demorado, mas eu estou convencido de que é o mais rápido.

89. Após meio século de experiências, sei que a humanidade não pode ser salva senão pela não violência. Se bem entendi, é esta a lição central do cristianismo.

90. A não violência é o primeiro artigo da minha fé; e é também o último artigo do meu credo.

91. Democracia e violência não podem coexistir. É blasfêmia dizer que a não violência só pode ser praticada por indivíduos e não por nações compostas de indivíduos.

92. Violência é sempre violência. A violência é sempre um pecado.

93. Sei que me aventurando na não violência exponho-me àquilo que justamente pode ser definido como risco louco; mas as vitórias da verdade nunca foram obtidas sem riscos, riscos muitas vezes de extrema gravidade.

94. Estou ansioso, impaciente até, por demonstrar que não há outro remédio para os males da vida além da não violência...
Quando me tornar incapaz de fazer o mal e quando nada de soberbo ocupar, embora momentaneamente, o mundo dos meus pensamentos, então a minha não violência moverá os corações dos homens. Não coloquei perante mim nem perante meus leitores um ideal impossível. É um direito natural do homem.
Perdemos o Paraíso, mas foi só para reconquistá-lo. É preciso tempo, mas trata-se apenas de um grãozinho no céu completo do tempo.

95. Justifico plenamente a não violência e considero-a possível nas relações entre os homens e entre as nações; mas não se trata de uma renúncia à verdadeira luta contra a malvadez. Pelo contrário: a não violência, como eu a entendo, é uma luz mais ativa e mais verdadeira que a vingança, que por sua natureza aumenta o mal.

96. O mundo não é totalmente governado pela lógica; a própria vida envolve certa espécie de violência, e a nós nos compete escolher o caminho da violência menor.

97. Quero um socialismo puro como um cristal. São precisos, portanto, meios puros como o cristal para consegui-lo. Meios impuros resultam num fim impuro. Não obteremos a igualdade entre o príncipe e o camponês cortando a cabeça do camponês. Cortar cabeças não pode equiparar quem dá trabalho a quem é assalariado...
Só os socialistas, sinceros, não violentos e puros de coração conseguirão instaurar uma sociedade socialista na Índia e no Mundo.

98. Da mentira e da violência nunca pode resultar um bem permanente.

99. Procuro amassar completamente a ponta da espada do tirano: não oponho um aço mais afiado, e assim ludibrio sua esperança de ver-me oferecer uma resistência física. Encontrará em mim uma resistência de alma que escapa a seu cerco.

100. Não devemos considerar ninguém como irrecuperável. Devemos procurar compreender a psicologia de quem faz o mal. Muitas vezes é vítima das circunstâncias. Com a paciência consegue-se conquistar alguém para a causa da justiça. Não devemos, além disso, esquecer que também o mal é alimentado com a colaboração, querida ou não, do bem. Só a verdade se mantém por si só. Em última análise, devemos vencer o adversário isolando-o completamente e privando-o da nossa colaboração.

101. A humanidade só pode ser salva pela não violência, que é o ensinamento central do cristianismo.

102. A força de um homem e de um povo está na não violência. Experimentem.

103. A única coisa que as nações do Ocidente ensinaram ao mundo, com as letras de fogo, foi que a violência não leva nem à paz nem à felicidade. O culto da violência não tornou felizes, nem melhores, aqueles com quem entraram em contato.

104. Devem renunciar à espada pois já compreenderam que ela é o símbolo não de sua força, mas de sua fraqueza. Não significa coragem.

105. Devo confessar minha falência, não a da não violência.

Autodisciplina

106. A civilização, no sentido real da palavra, não consiste na multiplicação, mas na vontade de espontânea limitação das necessidades. Só essa espontânea limitação acarreta a felicidade e a verdadeira satisfação, e aumenta as capacidades de servir.

107. A relação entre corpo e espírito é tão íntima que todo o sistema sofreria se um dos dois caísse em desordem. Como consequência, temos que um caráter puro é a base da saúde no sentido autêntico da palavra. E poderíamos dizer que todos os maus pensamentos e as más paixões são simples formas de doença.

108. Só se adquire perfeita saúde vivendo na obediência às leis de Deus e desafiando o poder de Satanás. A verdadeira felicidade é impossível sem verdadeira saúde, e a verdadeira saúde é impossível sem rigoroso controle da gula. Todos os demais sentidos estarão automaticamente sujeitos a controle quando a gula estiver sob controle. Aquele que domina os próprios sentidos conquistou o mundo inteiro e tornou-se parte de Deus.

109. É injusto e imoral tentar fugir às consequências dos próprios atos. É justo que a pessoa que come em demasia se sinta mal ou jejue. É injusto que quem cede aos próprios apetites fuja às consequências tomando tônicos ou outros remédios.

É ainda mais injusto que uma pessoa ceda às próprias paixões animalescas e fuja às consequências dos próprios atos.

A Natureza é inexorável, e vingar-se-á completamente de uma tal violação de suas leis.

110. Aprendi, graças a uma amarga experiência, a única suprema lição: controlar a ira. E do mesmo modo que o calor conservado se transforma em energia, assim a nossa ira controlada pode transformar-se em uma força capaz de mover o mundo. Não é que eu não me ire. O que eu não dou é campo à ira. Cultivo a paciência e a mansidão e, de uma maneira geral, consigo. Mas quando a ira me assalta, limito-me a controlá-la. Como consigo? É um hábito que cada um deve adquirir e cultivar com uma prática assídua.

111. Querem saber quais as características de um homem que deseja realizar a verdade, que é Deus? Deve ser completamente livre da ira e da luxúria, da avidez e da avareza, do orgulho e do medo. Deve aniquilar-se, exercitar um controle absoluto sobre todos os seus sentidos, a começar pela gula e pela língua. A língua é o órgão da palavra e do gosto. Com a língua caímos no exagero, proferimos a mentira e pronunciamos as palavras que ferem.

112. A avidez do gosto torna-nos escravos da gula e assim vivemos para comer como se fôssemos animais. Com uma disciplina adequada podemos transformar-nos em seres "pouco inferiores aos anjos". Aquele que dominou os sentidos é o primeiro e o mais importante dos homens. Todas as verdades estão nele. Deus manifesta-se por meio dele, tal é o poder da autodisciplina.

113. Todas as normas universais de comportamento conhecidas como mandamentos de Deus são simples e fáceis de compreender e pôr em prática, se houver vontade. Parecem difíceis pela inércia que governa a humanidade.

114. A abstinência de estupefacientes e bebidas que intoxicam, e de toda a espécie de comidas, especialmente carne, é sem dúvida de grande ajuda à evolução do espírito, mas não é de forma alguma um fim em si mesma. Muita gente, que come carne e vive no temor de Deus, está mais próxima da libertação que outra que se abstém em absoluto da carne e de muitas outras coisas, mas blasfema Deus em cada ação.

115. A experiência ensinou-me que o silêncio faz parte da disciplina espiritual de um seguidor da verdade. A tendência a exagerar, a eliminar ou modificar a verdade, consciente ou inconscientemente, é uma fraqueza natural do homem. Para vencê-la é necessário o silêncio. Um homem de poucas palavras dificilmente será leviano nas suas conversas: medirá as palavras.

116. O silêncio já se tornou para mim uma necessidade física e espiritual. Inicialmente escolhi-o para aliviar-me da depressão. A seguir precisei de tempo para escrever. Após havê-lo praticado por certo tempo descobri, todavia, seu valor espiritual. E de repente me dei conta de que eram esses os momentos em que melhor podia comunicar com Deus. Agora sinto-me como se tivesse sido feito para o silêncio.

117. Aqueles que têm um grande autocontrole, ou que estão totalmente absortos no trabalho, falam pouco. Palavra e ação juntas não estão bem. Repare na natureza: trabalha continuamente, mas em silêncio.

118. Como poderá realizar a verdade aquele cujo coração é livremente agitado pelas paixões? As paixões são para o nosso coração o que a tempestade é para o oceano. Só o marinheiro solidamente agarrado ao navio se salva da tempestade. E só aquele que está unido a Deus pela confiança pode vencer a tempestade que agita seu coração.

119. Aquele que não é capaz de governar a si mesmo, não será capaz de governar os outros.

120. Quem sabe concentrar-se numa coisa e insistir nela como único objetivo, obtém, ao cabo, a capacidade de fazer qualquer coisa.

Educação

121. A verdadeira educação consiste em pôr a descoberto o melhor de uma pessoa. Que livro é melhor que o livro da humanidade?

122. Não quero que minha casa seja cercada por muros de todos os lados e que as minhas janelas estejam tapadas. Quero que as culturas de todos os povos andem pela minha casa com o máximo de liberdade possível.

123. Nada mais longe do meu pensamento que a ideia de fechar-nos e erguer barreiras. Mas afirmo, com todo respeito, que o apreço pelas demais culturas pode convenientemente seguir, e nunca anteceder, o apreço e a assimilação da nossa. (...) Um aprendizado acadêmico, não baseado na prática, é como um cadáver embalsamado, talvez para ser visto, contudo não inspira nem nobilita nada. A minha religião proíbe-me de diminuir ou desprezar as outras culturas, e insiste, sob pena de suicídio civil, na necessidade de assimilar e viver a vida.

124. Acredito que a verdadeira educação da inteligência parte somente de um apropriado exercício e treinamento dos órgãos do corpo, por exemplo das mãos, dos pés, dos olhos, ouvidos, nariz, etc. Em outras palavras: numa criança, o uso inteligente dos órgãos do corpo constitui o meio melhor e mais rápido para desenvolver a inteligência.

Mas se o desenvolvimento da mente e do corpo não é acompanhado por um correspondente despertar da alma, o primeiro, por si só, se demonstraria uma coisa pobre e desarmoniosa. Por educação espiritual entendo a educação do coração. O desenvolvimento apropriado e completo da mente dá-se, portanto, só quando caminham no mesmo ritmo a educação das faculdades físicas e a educação das faculdades espirituais da criança. Elas constituem um todo indivisível. Segundo esta teoria, portanto, é erro grosseiro supor que podem ser desenvolvidas separadamente umas das outras.

125. Por educação entendo a extrinsecação completa do melhor que existe na criança e no homem: corpo, mente e espírito. Aprender a ler e escrever não é o fim da educação nem o princípio. É apenas um dos meios pelos quais se podem educar o homem e a mulher.

126. Ler e escrever, *de per si*, não são educação. Eu iniciaria a educação da criança, portanto, ensinando-lhe um trabalho manual útil, e colocando-a em grau de produzir desde o momento em que começa sua educação. Desse modo, todas as escolas poderiam tornar-se autossuficientes, com a condição de o Estado comprar os manufaturados.

Acredito que um tal sistema educativo permitiria o mais alto desenvolvimento da mente e da alma. É preciso, porém, que o trabalho manual não seja ensinado apenas mecanicamente, como se faz hoje, mas cientificamente, isto é, a criança deveria saber o porquê e o como de cada operação.

Os olhos, os ouvidos e a língua vêm antes da mão. Ler vem antes de escrever, e desenhar antes de traçar as letras do alfabeto.

Se seguirmos este método, a compreensão das crianças terá oportunidade de se desenvolver melhor do que quando é freada, iniciando a instrução pelo alfabeto.

127. A ideia completamente falsa de que a inteligência se desenvolve somente lendo livros, deveria dar lugar à verdade de que o mais rápido desenvolvimento da mente se obtém somente aprendendo um trabalho artesanal de maneira científica. O verdadeiro desenvolvimento da mente começa apenas se se ensina ao aprendiz o porquê da necessidade de um dado movimento da mão ou de uma determinada ferramenta. Resolver-se-ia, sem dificuldades, o problema da desocupação dos estudantes, pois eles entrariam em fileiras ao lado dos normais prestadores de mão de obra.

A instrução literária, por si só, não aumenta uma polegada a elevação moral de ninguém. A formação do caráter é indispensável à instrução literária.

128. Acredito firmemente no princípio da liberdade e obrigatoriedade da educação primária para a Índia. Sou do parecer que iremos consegui-la somente ensinando às crianças uma profissão útil, e explorando-a como meio para cultivar suas faculdades intelectuais, físicas e espirituais. Não se julguem estes cálculos econômicos, acerca da educação, como mesquinhos ou fora de lugar. Não há nada essencialmente mesquinho nos cálculos econômicos.

A verdadeira ciência econômica nunca se opõe à mais elevada lei moral, da mesma forma que a verdadeira moral, para ser digna de seu nome, deve ser ao mesmo tempo sábia economia.

129. Gostaria de desenvolver as mãos, o cérebro e a alma da criança. As mãos estão quase atrofiadas. Também a alma foi descuidada.

130. Um pai sábio deixa que os filhos cometam erros. É bom que, de quando em quando, queimem os dedos.

131. Quanto à curiosidade das crianças pelos fatos da vida, devemos esclarecê-las se os conhecemos, e admitir a nossa ignorância quando não os conhecemos. Se uma coisa não deve ser dita, devemos controlá-las e pedir-lhes que não façam tais perguntas a outrem. Nunca devemos evitá-las. Sabem mais do que possamos pensar. Se não sabem uma coisa e nos recusamos a dizer-lha, elas procurarão sabê-la de outro modo ambíguo. Mas se determinada coisa deve ser-lhes escondida, devemos correr este risco.

132. Não podemos controlar ou dominar convenientemente a paixão sexual ignorando-a. Por isso afirmo categoricamente que se deve ensinar aos moços e às moças a importância e o uso correto de seus órgãos genitais. Procurei, a meu modo, ensinar às crianças de ambos os sexos, por cuja educação era responsável, esses conhecimentos. Mas a educação sexual de que falo deve ter como objetivo o superamento e a sublimação da paixão sexual. Tal educação deve servir automaticamente para abrir os olhos das crianças sobre a fundamental distinção entre o homem e o bruto, e fazer que entendam que é privilégio e orgulho do homem ser dotado de faculdades que pertencem à mente e ao coração; que entendam que o homem é um animal dotado de pensamento e de paixão, e que renunciar à supremacia da razão sobre o instinto cego é renunciar à condição de homem. No homem a razão estimula e guia a sensibilidade; no bruto a alma está permanentemente adormecida.

Acordar o coração significa acordar a alma adormecida, acordar a razão, e salientar a distinção entre o bem e o mal. Hoje os nossos ambientes — as nossas leituras, o nosso pensamento e o nosso comportamento social — são geralmente encaminhados a satisfazer com cautela o impulso sexual. Sair de suas espirais não é fácil. Mas é uma empresa que merece todos os nossos esforços.

TRABALHO,
PROPRIEDADE E POBREZA

133. A economia que ignora ou descuida os valores morais, é falsa.

A extensão da lei da não violência à esfera econômica significa a introdução dos valores morais como fatores a ser considerados no regulamento do comércio internacional.

134. O meu ideal é uma distribuição em igualdade, mas, pelo que vejo, ela não está em via de atuação. Por isso trabalho por uma distribuição equitativa.

O amor e a posse exclusiva não podem nunca andar de acordo.

135. Na teoria, quando existe amor perfeito, deve existir perfeita não posse. O corpo é a nossa última posse. Assim, um homem só poderá exercer o amor perfeito e estar completamente livre, quando estiver pronto a enfrentar a morte e a renunciar ao próprio corpo por amor ao serviço dos homens.

136. "Ganharás o pão com o suor do rosto", diz a Bíblia. Os sacrifícios podem ser de muitas espécies. Sacrifício pode ser muito bem trabalhar para ganhar o pão. Se todos trabalhassem pelo pão e nada mais, haveria comida e bem-estar para todos. Não haveria queixas pela demasiada população, não haveria doenças e esta miséria que vemos ao redor. Um trabalho assim representaria a mais alta forma de sacrifício. Os homens fariam indubitavelmente muitas outras coisas, seja com a mente, seja com o corpo, e tudo isso seria obra de amor, para o bem de todos. Então não haveria nem ricos nem pobres, nem superiores nem inferiores, nem tocáveis nem intocáveis.

137. A igualdade econômica é a chave mágica da independência não violenta. Trabalhar pela igualdade econômica significa abolir o eterno conflito entre capital e trabalho. Quer dizer, por um lado, baixar os poucos ricos em cujas mãos se concentra a maior parte da riqueza da nação e, por outro lado, levantar os milhões de indivíduos nus e semiesfomeados. O sistema de governo não violento é, evidentemente, impossível enquanto persistir o profundo abismo entre os ricos e as multidões de esfomeados. O contraste entre os palácios de Nova Délhi e os miseráveis tugúrios da pobre classe trabalhadora não pode durar um dia sequer numa Índia livre, em que os pobres gozem do mesmo poder que os ricos do país.

É inevitável uma revolução violenta e sangrenta, mais cedo ou mais tarde, a não ser que se chegue a uma renúncia voluntária às riquezas e ao poder que as riquezas comportam, e a uma divisão para o bem comum. Continuo firme na minha doutrina da administração fiduciária, não obstante o ridículo de que a cobriram. É verdade que é difícil pôr em prática, mas a não violência também é difícil de conquistar.

138. Não consigo imaginar nada de mais nobre e patriótico que isto: uma hora por dia, por exemplo, todos deveriam executar o trabalho que fazem os pobres. Assim nos identificaríamos com eles, e por eles com toda a humanidade. Não consigo imaginar melhor adoração a Deus que trabalhar em seu nome pelos pobres, como os pobres.

139. Deveríamos ter vergonha de repousar e tomar refeições abundantes até o dia em que exista um só homem ou uma só mulher sem trabalho e sem comida.

140. Odeio o privilégio e o monopólio. Para mim, tudo o que não pode ser dividido com as multidões é tabu.

141. O mundo pode rir pelo fato de eu me despir de toda a propriedade. Para mim foi positivo. Gostaria que as pessoas participassem do meu despojo. É o tesouro mais precioso que possuo. Talvez por isso seja justo dizer que, embora pregue a pobreza, eu sou rico.

142. Nunca ninguém disse que uma miséria opressora leve à outra coisa que não degradação moral. Todo ser humano tem o direito de viver e, portanto, de encontrar o necessário para alimentar-se, vestir-se e habitar. Para essa incumbência tão simples não precisamos da ajuda dos economistas e de suas leis.

"Não se preocupem com o amanhã" é um conselho que se encontra em quase todas as sagradas escrituras do mundo. A garantia dos meios de subsistência deveria ser, e resulta que é, a coisa mais fácil do mundo numa sociedade bem ordenada. Na verdade, a prova de boa ordem num país não é dada pelo número de milionários que tem, mas pela ausência de fome entre as massas.

143. O trabalho e a promessa de comida como salário são as únicas formas de Deus se apresentar a um povo esfomeado e desempregado.

144. A economia representa para os pobres o espiritual. Com esses milhões de esfomeados vocês não podem apelar para nada mais. Os apelos cairiam no vácuo. Mas deem-lhes comida, e os considerarão seu Deus. São incapazes de pensamentos de qualquer outra espécie.

145. Posso apresentar-lhes uma mensagem de Deus somente apresentando-lhes a mensagem do trabalho sagrado.

146. É fácil falar de Deus enquanto estamos sentados, após um gostoso almoço e à espera de um jantar ainda melhor. Mas como posso falar de Deus às multidões que devem aguentar sem duas refeições por dia? Para eles só pode aparecer sob a forma de pão e manteiga.

147. Não posso imaginar uma época em que nenhum homem seja mais rico que o outro. Mas imagino uma época em que os ricos terão vergonha de enriquecer à custa dos pobres e os pobres deixarão de invejar os ricos. Nem no mundo mais perfeito conseguiremos evitar as desigualdades, mas podemos e devemos evitar a luta e o rancor. Já temos agora muitos exemplos de ricos e pobres que vivem em perfeita harmonia. Devemos só multiplicar esses exemplos.

148. Não creio que os capitalistas e donos de terras sejam todos exploradores por necessidade intrínseca ou por existir um antagonismo irreconciliável entre os interesses deles e os interesses das massas. Toda a exploração tem como base colaboração, voluntária ou forçada, do explorado.

Embora nos repugne admiti-lo, a verdade é que não existiria exploração se as pessoas se negassem a obedecer ao explorador. Mas eis que intervém o interesse, e abraçamos os cadeados que nos atam. Isso deve terminar. A grande necessidade não está em acabar com os capitalistas e os proprietários de terras, mas em transformar numa coisa mais pura e sã as relações existentes entre eles e as massas.

149. Não é destruindo alguns milionários que acabamos com a exploração, mas eliminando a ignorância dos pobres e ensinando-lhes a não colaborar com seus exploradores. Assim converteremos até os exploradores; e finalmente, como disse, levaremos uns e outros a viver como sócios, em pares condições. O capital, em si, não é um mal. É um mal o uso errado que dele se faz. O capital, numa forma ou noutra, será sempre necessário.

150. A ideia da luta de classes não me seduz. A luta de classes na Índia é não só inviável mas evitável, se compreendermos a mensagem da não violência. Quem fala da luta de classes como de coisa inevitável não percebeu as implicações da não violência ou percebeu apenas superficialmente.

151. Pede-se hoje àqueles que possuem riquezas que se comportem como depositários delas por conta dos pobres. Podem dizer-me que a administração fiduciária é uma ficção legal. Mas se a gente refletisse constantemente e procurasse conformar-se, a vida sobre a terra seria governada pelo amor muito mais do que é atualmente.

152. A completa renúncia aos próprios bens é coisa que pouquíssimos são capazes de fazer, mesmo entre gente comum. Tudo o que podemos legitimamente esperar da classe dos proprietários é que eles guardem as riquezas e os talentos em depósito, e os usem a serviço da sociedade.

Pretender mais quer dizer matar a pata que fez os ovos de ouro.

153. Se todos os homens compreendessem e, sobretudo, se praticassem a eterna lei do amor, considerariam um pecado amontoar riquezas, e então não haveria mais desigualdades e misérias.

154. Só posso possuir certas coisas se sei que os outros, que também as desejam, estão em grau de adquiri-las... Quando nos despojamos de tudo o que temos, então possuímos verdadeiramente todos os tesouros do mundo.

155. Como pode um homem que não trabalha ter o direito de comer? "Comerás o teu pão com o suor do teu rosto", diz a Bíblia.

156. Deus criou o homem para que ganhasse o pão com seu trabalho.

157. Trabalhar para ganhar o próprio pão é uma verdadeira bênção de Deus.

158. Se cada um trabalhasse para ganhar o próprio pão, as classes seriam imediatamente eliminadas: ricos sempre haveria, mas considerar-se-iam só administradores da riqueza, que deve ser usada para o bem comum.

159. Quem é rico possui um monte de coisas supérfluas. Se cada um tivesse só aquilo de que precisa, a ninguém faltaria nada e todos se contentariam.

160. Grande parte da miséria que aflige o mundo é consequência da nossa avidez.

161. Todo aquele que possui coisas de que não precisa é um ladrão.

162. Se acreditarmos sinceramente na Providência, devemos ter a certeza de que Deus nos dá cada dia o nosso pão.

163. A riqueza acarreta sempre preocupação pelo amanhã.

164. Quem busca a verdade, quem obedece à lei do amor, não pode estar preocupado com o amanhã.

165. Hoje rico vive tão descontente quanto o pobre. O pobre gostaria de ser milionário, e o rico de ser multimílionário. Cada um, saiba ou não saiba, é um ladrão.

Democracia e política

166. A desobediência civil é um direito intrínseco do cidadão. Não ouse renunciar, se não quer deixar de ser homem. A desobediência civil nunca é seguida pela anarquia. Só a desobediência criminal leva à anarquia. Todos os Estados reprimem a desobediência criminal com a força. Reprimir a desobediência civil é tentar encarcerar a consciência.

167. O meu conceito de democracia consiste em que, num regime democrático, os mais fracos tenham as mesmas ocasiões dos mais fortes. Isso se dará só por meio da não violência.

168. Não se poderá nunca chegar à verdadeira democracia, ou ao *Swaraj* das massas, com meios falsos ou violentos.
A razão é simples: o corolário natural de seu uso seria a eliminação de toda a oposição, suprimindo ou exterminando os antagonistas. Isso não favorece a liberdade individual. A liberdade individual existe plenamente só em regime de *Ahimsa* autêntica.

169. A verdadeira fonte dos direitos é o dever. Se cumprimos os nossos deveres, não precisamos ir longe procurar os direitos. Se não cumprimos os deveres e buscamos os direitos, estes nos fugirão como quimeras. Quanto mais lhes corremos atrás, tanto mais eles se afastam.

170. Creio que a verdadeira democracia pode surgir somente da não violência. Só é possível erguer as estruturas de uma federação mundial colocando-as sobre os alicerces da não violência. Nas relações mundiais deve-se renunciar à violência.

171. A violência por parte das massas não acabará nunca com o mal. A experiência mostrou até hoje que o sucesso da violência durou pouco. Gerou maior violência. Até hoje só foram experimentadas variações da violência e controles artificiais dependentes sobretudo da vontade dos violentos. No momento crucial, naturalmente, esses controles não funcionaram. Parece-me, portanto, que antes ou depois as massas europeias deverão recorrer à não violência se quiserem conseguir a libertação.

172. Um democrata nato é um amante nato da disciplina. A democracia é natural para quem está habituado a obedecer espontaneamente a todas as leis, humanas ou divinas. Considero-me um democrata, por instinto e por educação. Aqueles que ambicionam servir à democracia, devem merecê-lo, antes de mais nada, superando essa prova de fogo da democracia. Um democrata deve, além disso, ser absolutamente desinteressado. Deve pensar e sonhar não em termos pessoais ou de partido, mas de democracia. Só assim ganha direito à desobediência civil.

Não pretendo que ninguém renuncie às próprias convicções nem quero que ninguém seja eliminado. Não creio que uma salutar e honesta disparidade de opiniões prejudique a nossa causa. Mas ela seria certamente prejudicada pelo oportunismo, pelos disfarces, pelos compromissos falsos. Se alguém sente o dever de discordar, deve tentar que suas opiniões exprimam suas mais íntimas convicções e não sejam concebidas simplesmente como cômodo protesto do contra.

173. As divergências de opinião não devem significar hostilidade.

Se fosse assim, minha mulher e eu deveríamos ser inimigos figadais. Não conheço duas pessoas no mundo que não tenham tido divergências de opinião. Como seguidor da *Gita (Bhagavad Gita)*, sempre procurei nutrir pelos que discordam de mim o mesmo afeto que nutro pelos que me são mais queridos e vizinhos.

174. Continuarei confessando os erros cometidos. O único tirano que aceito neste mundo é a "silenciosa e pequena voz" dentro de mim. Embora tenha de enfrentar a perspectiva de formar minoria de um só, creio humildemente que tenho coragem de encontrar-me numa minoria tão desesperadora.

175. Sinceramente, sou lento em ver os defeitos do meu semelhante, pois estou cheio de defeitos e preciso de sua caridade. Aprendi a não julgar ninguém com severidade e a encontrar desculpas para os defeitos que posso descobrir nos outros.

176. Estou convencido de que se o Estado eliminasse o capitalismo com a violência, ele mesmo seria envolvido na espiral da violência, e não conseguiria nunca divulgar a não violência.

177. Devemos querer morrer, se não podemos viver como homens e mulheres livres.

178. Nas questões de consciência a lei da maioria não conta.

179. Estou firmemente convencido que só se perde a liberdade por culpa da própria fraqueza.

180. Verdadeiro democrata é aquele que defende sua liberdade, a de sua pátria e da humanidade, com meios não violentos.

181. Onde a confiança em si mesmo está na ordem do dia, onde ninguém deve esperar nada do outro, onde não há chefes nem sequazes, ou onde todos são chefes e todos sequazes, a morte de um combatente, embora muito bravo, não enfraquece a luta, intensifica-a.

182. A democracia iluminada e disciplinada é a coisa mais linda do mundo. Uma democracia inspirada em preconceitos, ignorante, supersticiosa, levará ao caos e pode autodestruir-se.

183. A democracia e a violência juntas não se dão. As nações que hoje são democráticas de nome, ou se tornam abertamente totalitárias ou, se querem ser democráticas de verdade, devem corajosamente tornar-se não violentas. É blasfêmia dizer que a não violência pode ser praticada só pelos indivíduos e nunca pelas nações, que são compostas de indivíduos.

184. Sempre pensei que é impossível conseguir a justiça social com a força, mesmo em relação aos mais humildes e modestos. Mas sempre julguei garantir-lhes a reparação das injustiças por eles sofridas recorrendo a uma adequada educação no método não violento. Esse método consiste na não colaboração não violenta. Por vezes a não colaboração é um dever igual à colaboração. Ninguém é obrigado a colaborar para a própria ruína ou a própria sujeição. Não é possível manter-se a liberdade obtida pelo esforço dos outros, por benévolos que eles sejam, quando tal esforço acaba. Em outras palavras, tal liberdade não é liberdade verdadeira. Mas até os mais humildes podem ver o esplendor da verdadeira liberdade, quando aprenderem a arte de conquistá-la com a não colaboração não violenta.

185. Se conseguir convencer a família humana que todo homem e toda mulher, embora fisicamente fracos, são os defensores da própria liberdade e do respeito de si mesmos, minha obra estará concluída. É uma defesa válida, mesmo que todo o mundo se volte contra o resistente.

SOLIDARIEDADE E PAZ INTERNACIONAL

186. Acredito na essencial unidade do homem, e portanto na unidade de todo o que vive. Por conseguinte, se um homem progredir espiritualmente, o mundo inteiro progride com ele, e se um homem cai, o mundo inteiro cai em igual medida.

187. A minha missão não se esgota na fraternidade entre os indianos. A minha missão não está simplesmente na libertação da Índia, embora ela absorva, em prática, toda a minha vida e todo o meu tempo. Por meio da libertação da Índia espero atuar e desenvolver a missão da fraternidade dos homens.

O meu patriotismo não é exclusivo. Engloba tudo. Eu repudiaria o patriotismo que procurasse apoio na miséria ou na exploração de outras nações. O patriotismo que eu concebo não vale nada se não se conciliar sempre, sem exceções, com o maior bem e a paz de toda a humanidade.

188. Os deveres para com nós mesmos, para com a família, a nação e o mundo, não são independentes um do outro. Não se pode servir à nação prejudicando a nós mesmos ou à família. Do mesmo modo não se pode servir à nação prejudicando o mundo em geral. Em última análise, devemos morrer para que a família viva, a família deve morrer para que a nação viva, a nação deve morrer para que o mundo viva. Mas só coisas puras podem ser oferecidas em sacrifício. A purificação é, portanto, o primeiro passo. Quando o coração é puro, sabemos imediatamente e a cada momento, qual é o nosso dever.

189. Sou humilde servo da Índia. Esforçando-me por servir à Índia, sirvo à humanidade em geral (...). Após quase cinquenta anos de vida pública, posso dizer que a minha fé na doutrina segundo a qual o serviço a uma nação não é incompatível com o serviço ao mundo, está mais vincada. É uma boa doutrina. Somente aceitando-a haverá distensão no mundo, e cessarão as recíprocas invejas entre povos que habitam o mesmo globo.

190. A regra de ouro consiste em sermos amigos do mundo e em considerarmos como uma toda a família humana. Quem faz distinção entre os fiéis da própria religião e os de outra, deseduca os membros da sua religião e abre caminho para o abandono, a irreligião.

191. Vivo pela libertação da Índia e morreria por ela, pois é parte da verdade.

Só uma Índia livre pode adorar o Deus verdadeiro. Trabalho pela libertação da Índia porque o meu *Swadeshi* me ensina que, tendo nascido e herdado sua cultura, sou mais apto a servir à Índia e ela tem prioridade de direitos aos meus serviços. Mas o meu patriotismo não é exclusivo; não tem por meta apenas não fazer mal a ninguém, mas fazer bem a todos, no verdadeiro sentido da palavra. A libertação da Índia, como eu a concebo, não poderá nunca constituir ameaça para o mundo.

192. Não existe limite à extensão dos nossos serviços aos vizinhos. Estes vão além das fronteiras criadas pelos Estados. Deus nunca criou fronteiras.

193. Meu objetivo é a amizade com todo o mundo, e eu posso conciliar o máximo amor com a mais severa oposição à injustiça.

194. É pura verdade. Se a louca corrida aos armamentos continuar, irá terminar necessariamente num massacre como a história nunca viu. Se houver um vencedor, a vitória será uma morte viva para a nação vitoriosa. Não existe outra saída para a ruína iminente além da corajosa e incondicionada aceitação do método da não violência, com todas as suas admiráveis implicações.

195. Se não houvesse avareza, não haveria razão para armamentos. O princípio da não violência exige a completa abstenção de toda a forma de exploração.

196. Apenas quando desaparecer o aumento da exploração, as armas serão vistas como um peso real insuportável. Se as nações do mundo não deixarem de se explorar umas às outras não se chegará a um verdadeiro desarmamento.

197. Não gostaria de viver neste mundo, se ele não devesse tornar-se um mundo unido.

198. Atrevo-me a afirmar que a doutrina (da não violência) continua válida também entre Estados e Estados. Sei que caminho em terreno ingrato, mencionando a última guerra. Mas receio ter de fazê-lo para esclarecer a minha afirmação. Se bem entendi, foi uma guerra pelo desenvolvimento de ambos os lados. Foi uma guerra para dividir os despojos da exploração dos povos mais fracos — falou-se eufemisticamente do comércio mundial (...). Verão que antes de o desarmamento geral ter início na Europa — coisa que um dia deve acontecer a não ser que a Europa queira o suicídio — alguma nação ousará desarmar-se e correr os grandes riscos. O grau de não violência naquela nação, se o acontecimento felizmente se der, terá sido evidentemente tão elevado que suscitará respeito geral. Serão infalíveis seus julgamentos, firmes suas decisões, grande sua capacidade de heroica abnegação. Ela quererá viver tanto para si quanto para as outras nações.

MULHER

199. *Ahimsa* quer dizer amor infinito, e amor infinito, por sua vez, quer dizer capacidade infinita de sofrer. Quem, senão a mulher, a mãe do homem, manifesta essa capacidade na mais alta medida? Manifesta-a carregando e nutrindo a criança durante nove meses e alegrando-se com os sofrimentos correspondentes. Quem pode superar os sofrimentos provocados pela gestação? A mãe esquece tudo na alegria da criação. Quem se preocupa para que o bebê cresça dia após dia? Que a mulher transmita esse amor a toda a humanidade, que esqueça que foi ou que pode ser objeto da concupiscência do homem. Assim ocupará seu lugar glorioso de mãe, guia criadora e silenciosa ao lado do homem. Pertence a ela ensinar a arte da paz ao mundo em luta e sedento desse néctar.

200. É calúnia chamar a mulher de sexo frágil. É uma injustiça do homem para com a mulher. Se por força entendermos a força bruta, então sim a mulher é menos brutal que o homem. Mas se por força entendermos a força moral, então a mulher é infinitamente superior ao homem.

Não tem maior intuição, mais abnegação, mais coragem, mais capacidade de suportar? Sem ela o homem não poderia viver. Se a não violência é a lei da nossa existência, o futuro está nas mãos da mulher. (...) Quem melhor que a mulher pode apelar para o coração?

201. As mulheres são as guardiãs por excelência de tudo o que é puro e religioso na vida. Conservadoras por natureza; se são lentas em renunciar a certos costumes supersticiosos, são lentas também em abandonar tudo aquilo que é puro e nobre na vida.

202. Sou de opinião que o homem e a mulher são essencialmente uma coisa só, e assim seu problema, em essência, deve ser um só. A alma é a mesma em ambos. Um é o complemento do outro. Um não pode viver sem a ajuda ativa do outro.

Mas de uma maneira ou outra, o homem dominou a mulher durante gerações, e a mulher caiu num complexo de inferioridade. Acreditou na veracidade da doutrina interesseira do homem, segundo a qual ela é inferior. Mas os homens sábios reconheceram a condição de igualdade.

Não há dúvida, apesar disso, que a certa altura temos um bívio. Embora ambos sejam fundamentalmente um, é bem verdade que existe uma diferença vital de forma entre os dois. Portanto, também suas vocações são distintas.

O dever da maternidade, que a grande maioria das mulheres sempre assumirá, requer qualidades que o homem não precisa possuir. Ela é passiva, ele é ativo. Ela é essencialmente a dona da casa. Ele ganha o pão. Ela o guarda e distribui. Ela é a guardiã, em todo o sentido da palavra. É sua prerrogativa particular e exclusiva criar os recém-nascidos da estirpe. Sem seus cuidados a estirpe indiscutivelmente acabaria.

Sou de opinião que é aviltante, quer para o homem, quer para a mulher, que ela seja convidada ou levada a abandonar o lar e a pegar na espingarda para protegê-lo. É um regresso à barbárie e o princípio do fim. Montando o cavalo que o homem monta, ela desarticula a si mesma e a ele. O pecado cairá sobre a cabeça do homem, se ele induzir ou obrigar a companheira a abandonar sua vocação específica. É preciso tanta coragem para cuidar da casa e mantê-la em ordem quanto para defendê-la dos ataques do exterior.

De todos os males de que o homem se tornou responsável, nenhum é tão degradante, desgostoso e brutal quanto o uso da melhor metade da humanidade — para mim o sexo feminino não é sexo frágil: é o mais nobre dos dois, pois ainda hoje significa a encarnação do sacrifício, do sofrimento silencioso, da humildade, da fé e da responsabilidade.

203. A mulher deve deixar de se considerar o objeto da concupiscência do homem. O remédio está em suas mãos mais que nas mãos do homem.

204. Castidade não significa crescer em estufa. Não se pode defender a castidade cercando-a com o muro da *purdah*. Deve crescer interiormente e, para valer alguma coisa, deve ser capaz de resistir a qualquer tentação não procurada.

205. Qual o motivo desta preocupação morbosa pela pureza da mulher? As mulheres, porventura, têm voz na questão da pureza dos homens? Nunca se ouve falar de preocupações das mulheres pela pureza dos homens. Por que então os homens se sentem no direito de regulamentar a pureza feminina? Ela não pode ser imposta de fora. É uma questão de solução interior, portanto de esforço pessoal.

206. A mulher é a personificação da abnegação, mas hoje, desgraçadamente, ela não se dá conta da terrível vantagem que tem sobre o homem. Como costumava dizer Tolstoi, elas vivem sob a opressão da hipnótica influência do homem. Se se dessem conta da força da não violência, não permitiriam que as chamassem de sexo fraco.

207. Creio na conveniente educação das mulheres. Mas creio que a mulher, macaqueando os homens e aceitando o desafio deles, não dará seu contributo ao mundo. Pode percorrer seu caminho, mas imitando o homem não poderá elevar-se às grandes alturas de que é capaz. Macaqueando os homens vocês não se tornarão homens, nem poderão cumprir as funções de seu verdadeiro eu, nem desenvolver os talentos particulares que Deus lhes deu. Deus concedeu à mulher a força da não violência mais que ao homem. As mulheres são as mensageiras naturais do evangelho da não violência, mas devem se dar conta de sua elevada condição.

208. A mulher é a companheira do homem, dotada de iguais capacidades intelectuais. Tem direito de participar dos mínimos particulares das atividades do homem, e tem o mesmo direito à liberdade e à independência. Tem qualidades para ocupar um lugar excelso em sua esfera de atividades, exatamente como o homem em sua esfera. Deveria ser esta a condição natural das coisas, e não apenas o resultado de ter aprendido a ler e escrever. Simplesmente, em virtude de um costume imoral, até os homens mais ignorantes e indignos exerceram sobre as mulheres uma autoridade que não mereciam e não deveriam ter.

209. O matrimônio confirma o direito de união entre duas partes que se juntam excluindo todas as outras. Tal união é tida como desejável em modo igual pelas duas partes. Não confere a nenhuma das duas o direito de exigir obediência ao próprio desejo de união. Que fazer quando, por razões morais ou por razões de outro gênero, uma parte não pode aceder aos desejos da outra? Pessoalmente, se o divórcio fosse a única alternativa, não hesitaria aceitá-lo, pois é preferível à interrupção do aperfeiçoamento moral, supondo que a mortificação seja por motivos puramente morais.

210. Quando uma mulher é agredida, pode deixar de parte os termos do *himsa* ou *ahimsa*. O seu primeiro dever é defender-se. É livre de usar qualquer meio ou método que lhe venha à cabeça para salvar seu coração. Deus deu-lhe unhas e dentes. Deve usá-los com toda a força e, se necessário, morrer na luta. O homem ou a mulher que perdeu o medo da morte é capaz não só de defender a si mesmo, mas também aos outros dando a vida.

211. Estou firmemente convencido de que, se os homens e as mulheres da Índia cultivarem a coragem de enfrentar a morte com audácia e sem violência, podem rir-se do poder das armas e conseguir uma incorruptível independência em termos de massas, servindo de exemplo ao mundo. Nisto as mulheres podem marchar à frente, pois são a personificação da força da abnegação.

Religião

212. Sem religião eu não poderia viver um instante sequer. Muitos de meus amigos perderam a esperança em mim, dizendo que até a minha política vem da religião. E têm razão. Para mim, a política sem religião é coisa decididamente suja.

Se não me identificar com toda a humanidade não poderei viver uma vida religiosa, e não poderei identificar-me com a humanidade se não me preocupar com a política.

Não é possível dividir a atividade social, econômica, política e meramente religiosa em compartimentos estanques. Não conheço nenhuma religião separada da atividade humana. É a religião que dá base moral a todas as outras atividades. Sem ela a vida ficaria reduzida a uma confusão de "barulho e violência sem sentido".

213. Uma vida sem religião é como um barco sem leme.

214. Não falem do Deus da história: mostrem como vive hoje em nós... Não acredito nos que falam aos outros da própria fé, com a finalidade principal de convertê-los. A fé não aceita ser exposta. Deve ser vivida. Então difunde-se por si mesma.

215. Quem atingiu a substância da própria religião chegou também à substância das outras religiões.

216. Como uma árvore tem um único tronco e muitos ramos e folhas, assim existe uma única verdadeira religião que, passando pelo homem, se multiplica... Daqui resulta a necessidade da tolerância, que não quer dizer indiferença pela própria fé, mas um amor mais inteligente e puro por ela.

217. As religiões, fundamentalmente, não são mais que as diversas encarnações da única verdade. Existe uma só árvore, mas com muitos ramos. Em última análise, a religião é inteiramente interior, pessoal, pois exprime as nossas relações com Deus.

218. Templos, mesquitas ou igrejas: não faço distinção entre essas diversas casas de Deus. São tais quais a fé as fez. São uma resposta ao anseio do homem para chegar de alguma maneira ao Invisível.

219. Todo o homem é responsável pela religião que professa. Um homem sincero, na solidão, pode salvar a própria religião, se a viver em toda a sua pureza.

220. A fé — um sexto sentido — transcende o intelecto sem contradizê-lo.

221. A minha fé, nas densas trevas, resplandece mais viva.

DEUS

222. Deus é amor e verdade. Está para além da palavra e do intelecto.

223. Para mim, Deus é verdade e amor. Deus é ética e moral. Deus é coragem. Deus, que é amor espiritual e moral, ausência de medo, fonte de luz e vida, transcende a palavra e a razão. Conhece o íntimo dos nossos corações. O homem pode repelir a palavra de Deus, mas não pode impedir que Deus exista.

224. Nós não somos. Só Deus é. Se queremos ser verdadeiramente, devemos fazer sempre Sua vontade. Deus é tudo em todos. Nós somos apenas zero.

225. Deus, para ser Deus, deve governar o coração e transformá-lo. Deve expressar-Se nas mínimas ações de Seus fiéis.

226. Acredito que Deus Se revela ao homem em cada dia. Mas nós somos surdos à Sua voz pequena e silenciosa.

227. Somente podemos sentir Deus destacando-nos dos sentidos.

228. A música divina está sempre dentro de nós, mas o rumor dos sentidos abafa essa música delicada.

229. O que eu quero alcançar, o ideal que sempre almejei com sofreguidão... é conseguir o meu pleno desenvolvimento, ver Deus face a face, conseguir a libertação do eu.

230. Não considero exagerado nenhum sacrifício para ver Deus face a face. Toda a minha atividade, seja social, política, filantrópica ou ética, é dirigida para esse fim. Eu pertenço totalmente a Deus, e por isso não me preocupo com a minha situação atual.

231. Não sou santo, mas sei que sou consagrado a Deus---Verdade, não obstante meus erros e minhas culpas. Não sou asceta; a minha vida é cheia de alegrias.

232. Sei que se não lutar com o mal e contra o mal, mesmo à custa da vida, nunca conhecerei Deus.

233. Bem depressa passarei do mundo da paz ao mundo dos conflitos. Quanto mais penso nisso mais desespero sinto. Nada posso fazer, mas Deus pode fazer tudo.
Ó Deus, faz que eu seja um Teu instrumento, e serve-Te de mim segundo a Tua vontade. O homem não é nada.

234. O meu grito chegará ao trono de Deus onipotente.

235. Deus sempre ajuda aqueles que parecem abandonados.

236. Esforço-me por ver Deus no serviço à humanidade, pois sei que Deus não está no céu nem na terra, e sim em cada um de nós.

237. Temamos a Deus e não temeremos o homem.

238. Sua bondade é infinita, embora em Seu nome se cometam imoralidades e atrocidades infinitas.
Ele está sempre pronto a perdoar.

239. No íntimo do meu coração existe uma permanente disputa com Deus: por que permite que tais coisas aconteçam? A minha não violência parece quase impotente... Nem Deus nem a não violência são impotentes. A impotência está nos homens.

240. Deus experimenta continuamente os Seus fiéis, mas nunca além dos limites do suportável. Ele guia e dá a força suficiente para enfrentar as provas.

241. Muitos se dobram à força física, mas aquele que tem Deus como único protetor não cederá nem à maior força desta terra.

242. Tudo pertence a Deus; nada, absolutamente nada neste mundo é nosso. E então, por que temer? De que temer? Quando os meios são limpos, a presença de Deus, com Suas bênçãos, está garantida.

E quando essas coisas vêm juntas, a derrota é impossível. Um *satyagrahi*, livre ou preso, é sempre um vitorioso.

243. O tempo dos milagres não acabou. Com alguma fé em Deus e em Sua proteção estamos garantidos contra os sofrimentos insuportáveis. Aquele que resiste civicamente pode ter a certeza de que Deus o protegerá no momento difícil.

244. Só quando o lutador está reduzido à impotência, quando chegou ao extremo limite da fraqueza e não vê senão trevas a seu redor é que Deus vem em seu auxílio. Quando um homem se sente mais humilhado que o pó que calca, então Deus socorre. Só aos fracos e abandonados é concedido o socorro de Deus.

245. Na luta justa, Deus mesmo prepara as campanhas e guia as batalhas. Uma guerra pela justiça só pode ser feita em nome de Deus. Só quando o *satyagrahi* se sente completamente indefeso, quando parece que está perdido na noite é que Deus chega e o salva.

246. Tudo é possível, não graças ao nosso esforço, mas pela graça de Deus. A verdadeira independência é o nosso abandono em Deus.

247. Os moinhos de Deus moem lentamente. A bondade anda a pé. A humanidade, dotada de inteligência para poder conhecer seu criador, esqueceu-O e deverá tornar-se uma para reencontrá-Lo.

248. Quando a lei suprema do amor for compreendida e sua prática se tornar universal, Deus reinará na terra como reina na céu. A terra e o céu estão em nós. Todavia conhecemos a terra e mantemo-nos alheios ao céu.

249. Não conhecemos os caminhos de Deus. Se nos submetemos a Deus, Ele nos ajudará a fazer muitas coisas, mesmo sem nós sabermos.

250. A única maneira possível de Deus se apresentar a um povo esfomeado e desempregado é o trabalho e a promessa de comida como salário.

251. Pode-se falar de Deus quando se fez um bom almoço e se espera por outro ainda melhor amanhã. Mas é impossível aquecer-nos ao sol da luz de Deus quando milhares de esfomeados nos batem à porta.

252. O caminho do Senhor é reservado aos fortes. Não é feito para os vis. Oferece-Lhe a tua vida e toda a tua pessoa e depois, somente depois, benze-te no nome do Senhor.

253. Deus está vivo no coração dos homens e deve estar vivo também no coração da sociedade. A sociedade deve repousar sobre a verdade e a não violência, mas nada disso é possível sem uma fé que continue viva, quando todas as outras forças acabaram, uma fé que seja luz e abrace todos os aspectos da verdade.
Fé que se fortifica no sangue dos mártires. Nenhuma religião subsiste sem sofrimento.

Oração

254. A oração é a substância da religião.

255. Orar não é pedir. Orar é a respiração da alma.

256. A oração é a chave que abre a porta da manhã e que fecha a da noite. Só de Deus, por meio da razão, nos vem toda a força.

257. Orar é ser um com Deus. Súplicas, adoração, oração, não são superstição. São atos mais reais que o comer, o beber, o repousar ou o caminhar. Não é exagero dizer que eles são atos reais e que os demais são atos irreais.

258. A oração não é um passatempo ocioso de velhinhas. Entendida no seu valor, e usada justamente, é o meio mais potente de ação... A oração requer, sem dúvida, uma fé viva em Deus.

259. A fé nasce na calma do espírito, na contemplação e no trabalho.

260. Gostaria de ver todos os homens unidos pelo fio de seda do amor e da oração.

261. A oração não é dirigida a Deus apenas para invocar Sua ajuda. É também louvor, glorificação, ato de purificação...

262. A oração deve ajudar-nos a realizar a pureza interior e infundi-la em toda a sociedade.

263. É preciso apresentar-se a Deus com as mãos vazias e uma atitude de completo abandono.

264. É mais importante pôr na oração o próprio coração que dizer palavras sem coração.

265. Sem a oração não temos consciência da nossa fraqueza.

266. Ninguém pode sentir-se deslocado na oração pública. O homem é um ser social. Come, trabalha, joga em público. E por que não orar? Há na oração alguma coisa que não possa ser dita em público?

267. Se quando introduzimos a mão na bacia de água; quando acendemos o fogo com um sopro; quando alinhamos intermináveis colunas de números na mesa do contador; quando estamos dentro da lama do arrozal, queimados pelo sol; quando estamos, de pé, frente ao forno de fundição, não realizamos a mesma vida religiosa como se estivéssemos em oração num mosteiro, o mundo não será salvo.

268. Se Deus reinar em nossos corações e aí O guardarmos com a oração, não conheceremos o temor e acumularemos um grande tesouro.

269. Creio que sou um homem de oração. Penso que Deus me daria a força de não O renegar e de afirmar que Ele é, nem que me cortassem em pedacinhos.

270. A oração salvou-me a vida. Sem a oração teria ficado muito tempo sem fé. Ela salvou-me do desespero. Com o tempo a minha fé aumentou e a necessidade de orar tornou-se mais irresistível... A minha paz muitas vezes causa inveja. Ela vem-me da oração. Eu não sou um homem de ciência, mas creio, com toda a humildade, ser um homem de oração. Como o corpo que, se não for lavado fica sujo, assim a alma sem oração se torna impura.

JEJUM

271. O jejum é a oração mais dolorosa e também a mais sincera e compensadora.

272. Cada jejum é oração intensa, purificação do pensamento, impulso da alma para a vida divina, a fim de nela se perder.

273. O perfeito jejum deve ser harmonia de pensamento e de oração, deve isolar as forças do mal e deve tornar o que jejua capaz de sentir mais as leves alterações da atmosfera espiritual.

274. O jejum é uma arma potente. Nem todos podem usá-la. Simples resistência física não significa aptidão para o jejum. O jejum não tem absolutamente sentido sem fé em Deus.
Nunca deve ser esforço mecânico ou simples imitação: deve partir do íntimo da alma.

275. Para mim nada mais purificador e fortificante que um jejum.

276. Que importa o sentido que dão ao meu jejum! Estou a serviço de Deus e vivo na Sua presença.

277. Os meus adversários serão obrigados a reconhecer que tenho razão. A verdade triunfará... Até agora todos os meus jejuns foram maravilhosos: não digo em sentido material, mas por aquilo que acontece dentro de mim. É uma paz celestial.

278. O jejum não se destina a agir sobre o coração, mas sobre a alma dos outros. É por isso que seu efeito não é temporário e sim duradouro.

279. Jejuar para purificar a si mesmo e aos outros é uma antiga regra que durará enquanto o homem acreditar em Deus.

280. O jejum é para a alma o que os olhos são para o corpo.

281. O jejum de Cristo é um ato que deveria inspirar-nos a todos, na presente situação.

282. Sentindo-me impotente, coloquei minha cabeça sobre os joelhos de Deus. É este o significado profundo do meu jejum.

283. Eu manteria minha fé no valor do jejum mesmo que todo o mundo jejuasse contra mim. Ou mesmo se os ateus jejuassem contra a minha fé em Deus.

284. Tenho profunda fé no método de jejum particular e público... Sofrer mesmo até à morte, e portanto mesmo mediante um jejum perpétuo, é a arma extrema do *satyagrahi*. É o último dever que podemos cumprir. O jejum faz parte do meu ser, como acontece, em maior ou menor escala, com todos os que procuraram a verdade. Eu estou fazendo uma experiência de ahimsa em vasta escala, uma experiência talvez até hoje desconhecida pela história.

285. A minha religião ensina-me que, quando a dor é insuportável, é preciso jejuar e orar.

SACRIFÍCIO

286. *Yajna* (sacrifício) é uma palavra cheia de beleza e de força. Literalmente significa adoração. Daí — sacrifício, serviço.

287. É o sacrifício que distingue o homem da besta.

288. Quem quer levar uma vida pura deve estar sempre pronto para o sacrifício.

289. O dever do sacrifício não nos obriga a abandonar o mundo e a retirar-nos para uma floresta, e sim a estar sempre prontos a sacrificar-nos pelos outros.

290. Diz um antigo provérbio: "Goza com as coisas da terra renunciando a elas".

291. O corpo foi-nos dado apenas para servir.

292. O prazer egoísta leva à morte, o sacrifício leva à vida.

293. Não temos receio algum quando estamos verdadeiramente libertos das coisas, das pessoas, do nosso corpo.

294. Quem venceu o medo da morte venceu todos os outros medos.

295. Um negociante pode ver passar pelas suas mãos centenas de milhões em dinheiro, mas, se obedecer à regra do sacrifício, usá-los-á para servir o próximo.

296. Algumas pessoas não temem a morte mas temem os pequenos males da vida.

297. Algumas pessoas não temem a morte, mas temem perder as pessoas queridas.
Os avarentos suportam tudo, estão prontos a deixar até a vida, mas não seus bens.
Quem busca a verdade deve superar todos estes temores e outros mais. Deve estar pronto a sacrificar tudo pela verdade.

298. Existe um estádio da vida que só pode ser atingido após continuada e voluntária crucifixão da própria carne.

299. É impossível ver Deus face a face se a carne não estiver há muito crucificada.

Humildade e tolerância

300. Os louvores do mundo não me agradam; pelo contrário, muitas vezes me entristecem.

301. Sinto verdadeiro desgosto com a adoração das multidões. Sentir-me-ia mais seguro da minha missão se me cuspissem no rosto.

302. O mundo pode louvar-me quanto quiser, que eu não me comovo; pelo contrário, muitas vezes os louvores deixam-me magoado...

303. Só quando se veem os próprios erros através de uma lente de aumento, e se faz exatamente o contrário com os erros dos outros, é que se pode chegar à justa avaliação de uns e de outros.

304. Deixem que nossos adversários se gloriem da nossa humilhação ou do que chamam nossa derrota. É melhor ser acusado de vil e fraco que faltar e pecar contra Deus. É mil vezes preferível parecer infiel aos olhos do mundo, a ser infiel com nós mesmos.

305. Não se deve confundir humildade com inércia.
A verdadeira humildade é um serviço corajoso, ativo e constante do homem.

306. Assinaria de boa vontade um projeto de lei que declarasse ser delito chamar-me Mahatma e beijar-me os pés. Onde eu mesmo posso impor a lei, no *ashram*, tal costume é considerado delito.

307. Quando ouço gritar *Mahatma Gandhi Ki jai*, cada som desta frase me traspassa o coração como se fosse uma flecha. Se pensasse, embora por um só instante, que tais gritos podem merecer-me o swaraj, conseguiria aceitar o meu sofrimento. Mas quando constato que as pessoas perdem tempo e gastam energias em aclamações vãs, e passam ao largo quando se trata de trabalho, gostaria que, em vez de gritarem meu nome, me acendessem uma pira fúnebre, na qual eu pudesse subir para apagar uma vez por todas o fogo que me arde no coração.

308. Um mínimo de reflexão é suficiente para fazer-nos compreender que todas as criaturas são nada.

309. Uma vida consagrada ao serviço deve ser uma vida de humildade.

310. Não gosto da palavra tolerância, mas não encontro outra melhor.
O amor ensina-nos a ter pela fé religiosa dos outros o mesmo respeito que temos pela nossa.
A tolerância não é indiferença pela própria fé e sim amor mais puro e mais inteligente por ela.

311. A tolerância é fácil para quem busca sinceramente a verdade e obedece de coração à lei do amor.

312. Se obedecermos à lei do amor não sentiremos ódio nenhum pelo nosso irmão não religioso. Pelo contrário, amá-lo-emos mais e, por conseguinte, ajudá-lo-emos a ver seu erro.

313. A tolerância dá-nos um poder de penetração espiritual que está tão longe do fanatismo como o Polo Norte do Polo Sul.

314. É evidente que a tolerância não é mistura entre bem e mal, entre justo e injusto.

315. Uma civilização é julgada pelo tratamento que dispensa às minorias.

CASTIDADE (*BRAHMACHARYA*)

316. Deus não pode ser compreendido por quem não é puro de coração.

317. O mundo vai atrás de coisas de valor passageiro. Não tem tempo para as outras. Todavia, quando pensamos mais profundamente, torna-se claro que, no fim, contam apenas as coisas eternas (...). Uma delas é o *brahmacharya*. E o que é *brahmacharya*? É o modo de viver que nos leva a Brahma, a Deus. Inclui o pleno controle sobre o ato da reprodução. O controle deve ser exercitado sobre o pensamento, a palavra e a ação. Se o pensamento não está sujeito a controle, a palavra e a ação não têm nenhum poder. (...) Para aquele que está em grau de controlar o próprio pensamento, todo o resto se torna simples jogo de crianças.

318. Sei por experiência que a castidade é fácil para quem é senhor de si mesmo.

319. Sei por experiência que, enquanto considerei minha mulher carnalmente, não houve entre nós verdadeira compreensão. O nosso amor não atingiu um plano elevado. Sempre existiu afeto entre nós, mas tanto mais nos aproximamos, quanto mais nós, ou antes eu, aprendemos a moderar-nos. Enquanto desejei o prazer carnal não pude dar-lhe nenhuma ajuda. No momento em que disse adeus a uma vida de prazeres carnais, todas as nossas relações se tornaram espirituais. A sexualidade morreu e, em seu lugar, reinou o amor.

320. Desejo voltar ao argumento do controle dos nascimentos por meio de anticoncepcionais. Grita-se aos ouvidos das pessoas que a satisfação do impulso sexual é uma obrigação grave, como a obrigação de pagar as dívidas legalmente contraídas, e que não fazê-lo implica verdadeira decadência intelectual. Tal impulso sexual foi isolado do desejo de prole. Os fomentadores do uso de anticoncepcionais afirmam que a concepção é um acidente que deve ser evitado, exceto quando as partes desejam ter filhos. Ouso dizer que esta é a doutrina mais perigosa que se pode pregar na Índia, onde a população masculina da classe média se tornou imbecil pelo abuso da função reprodutiva. Se a satisfação do impulso sexual é um dever, o vício contra a natureza e muitas outras formas de prazer seriam louváveis. Saiba o leitor que até personalidades eminentes são conhecidas por terem aprovado o que geralmente se chama de perversão sexual.

321. Uma vida sem voto é como um navio sem âncora ou uma casa construída sobre a areia e não sobre a pedra.

322. Um voto é um voto, e não se renega. Dei conta que um voto, longe de fechar a porta da verdadeira liberdade, a abre sempre mais.

323. Eu quero chegar a uma fé sólida como os cumes do Himalaia e, como eles, branca e pura. Ser Mahatma nada conta: relaciona-se só com minha atividade externa, a política, que é uma parte insignificante da minha vida... O essencial, o que fica, é o *brahmacharya* (castidade). É o meu tudo.

324. Devo submeter-se a uma purificação pessoal. Devo tornar-me um instrumento mais apto para registrar até as mínimas variações da atmosfera moral que me cerca.

325. A vida sem *brahmacharya* parece-me vazia e animalesca. O homem não é homem senão na proporção que, tendo a capacidade de controlar-se, se esforça realmente pelo controle.

326. A castidade é uma norma prática de grande importância sem a qual é impossível obter a necessária firmeza. Um homem entregue aos prazeres perde o seu vigor, torna-se efeminado e vive cheio de medo, A mente daquele que segue as paixões baixas é incapaz de qualquer grande esforço.

327. O caminho da purificação é ermo e difícil. Para chegar à pureza perfeita é preciso libertar das paixões os pensamentos, as palavras e a ação, estar acima das opostas correntes do ódio e do amor, da repulsa e do afeto. Eu sei que ainda estou longe da posse dessa tríplice pureza, não obstante as lutas em que continuamente me empenho para consegui-la... Subjugar as manhosas paixões é, a meu ver, uma tarefa infinitamente mais difícil que a conquista material do mundo pela força das armas.

328. O *brahmacharya* é o controle dos sentidos no pensamento, nas palavras, e na ação... O que a ele aspira não deixará nunca de ter consciência de suas faltas, não deixará nunca de perseguir as paixões que se aninham ainda nos ângulos escuros de seu coração, e lutará sem trégua pela total libertação.

329. O homem que escolheu a verdade como esposa não pode traí-la.

330. A castidade absoluta é o estado ideal. Se um não consegue concebê-la, é preciso que se case conservando porém o controle de si mesmo no matrimônio.

331. Frequentemente o casamento leva a um desdobramento da nossa personalidade. Não tenham receio de que o celibato leve à extinção da raça humana. O resultado mais lógico será a transferência da nossa humanidade para um plano mais alto.

332. Aquele que aspira a ser amigo de Deus deve ficar só, ou tornar-se amigo de todo o mundo.

333. É necessário que em todas as nações haja uma falange de homens e mulheres fiéis ao *brahmacharya*, que se consagrem ao serviço dos homens.
Jesus não falou daqueles que se fizeram eunucos por amor do reino de Deus?
Jesus sabia, é claro, que isso não é possível a todos.

334. No matrimônio deve-se conservar o controle de si mesmos. O ato sexual feito pelo simples prazer não é compatível com um alto grau de desenvolvimento espiritual.

335. O *brahmacharya*, como todas as outras regras, deve ser observado nos pensamentos, nas palavras e nas ações. Lemos na *Gita* — e a experiência nos confirma isso todos os dias — que quem domina o próprio corpo, mas alimenta maus pensamentos, faz um esforço vão. Quando o espírito se dispersa, o corpo inteiro, cedo ou tarde, o segue na perdição.

336. Por vezes pensa-se que é muito difícil, ou quase impossível, conservar castidade. O motivo desta falsa opinião é que, frequentemente, a palavra castidade é entendida em sentido limitado demais.

Pensa-se que a castidade é o domínio das paixões animalescas.

Esta ideia de castidade é incompleta e falsa.

Brahmacharya significa controle de todos os órgãos dos sentidos. Quem se esforça por dominar um só órgão, e deixa livres todos os outros, constatará necessariamente a inutilidade de seu esforço. Escutar conversas obscenas, ver coisas indecentes, ingerir alimentos excitantes e julgar-se donos absolutos de um só órgão é coisa de loucos. É como colocar as mãos no fogo e pretender que não se queimem.

Cristo

337. Cristo é a maior fonte de força espiritual que o homem até hoje conheceu.

338. Ele é o exemplo mais nobre de quem deseja dar tudo sem nada pedir.

339. Vejo em Cristo o supremo modelo: manifestou, como nenhum outro espírito, a vontade de Deus.

Ele pertence aos homens de todas as raças que conservam a fé recebida dos antepassados.

Ele é todo amor. O amor, seu supremo mandamento, é dirigido antes de tudo aos mais fracos, aos abandonados.

340. Vejo em Cristo o homem perfeito e na sua morte na Cruz o mais lindo exemplo de sacrifício.

341. Jesus ofereceu sua vida na Cruz e Pilatos venceu. Não concordo: Jesus venceu e a história do mundo deu-nos amplas provas.

342. A aceitação, a glorificação do sofrimento e do sacrifício levaram Cristo à Cruz, acontecimento eterno na história da humanidade, acontecimento que deve inspirar nossa vida.

343. O Cristo histórico é verdadeiro, sem dúvida nenhuma. Não se pode negar a autenticidade dos testemunhos de seus apóstolos que nos referiram suas palavras e ações.

Mas a história de Cristo é a mais verdadeira da verdade histórica: encarna a lei eterna do amor. Cristo, de fato, não só carregou sua cruz há mil e novecentos anos, mas morre e renasce cada dia. Seria pouco consolador para o mundo depender só de um Deus histórico, morto há mais de mil e novecentos anos.

344. Vocês, cristãos, assimilam e fazem sua a essência do sacrifício representado pelo pão e pelo vinho da Eucaristia... Sacrifício que se tornou moeda de resgate do mundo por meio do ato mais perfeito que existe...

"Tudo está consumado", foram as últimas palavras de Cristo.

345. Cristo não carregou a cruz somente há mil e novecentos anos: carrega-a hoje e morre e ressuscita dia após dia.

346. Aconteceu-me muitas vezes de não saber por onde começar. Então abri o Novo Testamento e de sua mensagem recebi a luz.

347. Não é necessário que eu condivida a fé dos cristãos para que Cristo exerça influência na minha vida... Eu rejeito as armas impuras, como Cristo rejeitou sua carga de pecado... Eu sinto-me um com o Criador.

348. Cristo não pertence só ao cristianismo, pertence ao mundo inteiro.

349. Estou convencido de que se Cristo voltasse abençoaria a vida de muitos que nunca ouviram seu nome, mas que com sua vida foram um exemplo vivo das virtudes que ele praticou: amar o próximo mais que a si mesmos e fazer bem a todos e mal a ninguém.

350. Bebam nas fontes do Evangelho!

351. Um cristão poderia encontrar na repetição do nome de Jesus o mesmo bálsamo que o hindu encontra no Ramanama.
Essa repetição vem da mesma essência do nosso ser. Ela cura todos os sofrimentos e permite viver muitos dias sem comida para o corpo, mas não sem oração. É uma força ilimitada. Comparada com ela a bomba atômica não é nada.

352. Não confundam os ensinamentos de Jesus com aquilo que acontece na civilização de hoje... Não obstante toda a fé que vocês têm em sua civilização, conservem um bocadinho de humildade. Bebam na fonte do Sermão da Montanha, ouçam o que Cristo ensinou. Seus ensinamentos são válidos para cada um de nós.

353. O Sermão da Montanha foi-me direto ao coração.

354. Eu estava transbordando de alegria lendo o Evangelho: encontrava a confirmação de minhas ideias exatamente onde esperava encontrá-la.

355. Os homens não são suficientemente humildes, suficientemente destacados dos bens e do poder, para poderem compreender a mensagem de Cristo.

356. Quando ouço cantar "Glória a Deus e paz na terra" pergunto onde se presta hoje glória a Deus e onde existe paz na terra.

Enquanto a paz for fome não saciada, enquanto não eliminarmos a violência de nossa sociedade, Cristo não terá nascido.

VIDA E MORTE

357. A vida e a morte são as duas faces da mesma moeda. A morte sorri-me como uma amiga.

358. A arte de morrer segue a de viver. A morte chega para todos nós. Um homem pode morrer fulminado por um raio, após um enfarte ou porque sua respiração se tornou difícil. Mas este não é o gênero de morte que um satyagrahi deseja ou invoca. Para um *satyagrahi* a arte de morrer consiste em enfrentar a morte com alegria, cumprindo o próprio dever.

359. À medida que o homem avança e que o mundo obedece à morte, o homem é obrigado a viver em tensão mais alta... em um ritmo terrivelmente intenso.

360. Só Deus nos pode tirar a vida, pois só Ele nô-la dá.

361. Quando chegar a hora, Deus vai encontrar-me preparado. O jejum de um homem pode ser suficiente para todo mundo. Um homem perfeitamente inocente oferece-se em sacrifício pelo bem dos outros, incluídos seus adversários, e torna-se assim o resgate do mundo.

362. Não sou louco pelo martírio. Mas se vier enquanto cumpro o que considero meu supremo dever em defesa da fé, que condivido com milhões de indianos, tê-lo-ei merecido.

363. A morte é o fim que foi fixado para a nossa vida. Não posso afligir-me se morrer pela mão de um meu irmão, em vez de morrer em consequência de uma doença, ou de outro modo qualquer. E se estiver livre de todo pensamento de cólera e de ódio para com meu agressor, isso contribuirá para minha felicidade eterna, e quem me matar dará conta mais tarde da minha inocência.

364. Possuo a não violência do corajoso? Só a morte dirá. Se me matarem, e eu com uma oração nos lábios pelo meu assassino e com o pensamento em Deus, ciente da sua presença viva no santuário do meu coração, então, e só então, poder-se-á dizer que possuo a não violência do corajoso.

365. Não desejo morrer pela paralise progressiva das minhas faculdades, como um homem vencido. A bala de um assassino poderia pôr fim à minha vida. Acolhê-la-ia com alegria.

Perfil biográfico

HUBERTO ROHDEN

Nasceu na antiga região de Tubarão, hoje São Ludgero, Santa Catarina, Brasil, em 1893. Fez estudos no Rio Grande do Sul. Formou-se em Ciências, Filosofia e Teologia em universidades da Europa — Innsbruck (Áustria), Valkenburg (Holanda) e Nápoles (Itália).

De regresso ao Brasil, trabalhou como professor, conferencista e escritor. Publicou mais de 65 obras sobre ciência, filosofia e religião, entre as quais várias foram traduzidas para outras línguas, inclusive para o esperanto; algumas existem em braile, para institutos de cegos.

Rohden não era filiado a nenhuma igreja, seita ou partido político. Fundou e dirigiu o movimento filosófico e espiritual Alvorada.

De 1945 a 1946 teve uma bolsa de estudos para pesquisas científicas, na Universidade de Princeton, New Jersey (Estados Unidos), onde conviveu com Albert Einstein e lançou os alicerces para o movimento de âmbito mundial da Filosofia Univérsica, tomando por base do pensamento e da vida humana a constituição do próprio Universo, evidenciando a afinidade entre Matemática, Metafísica e Mística.

Em 1946, Huberto Rohden foi convidado pela American University, de Washington, D. C., para reger as cátedras de Filosofia Universal e de Religiões Comparadas, cargo este que exerceu durante cinco anos.

Durante a última Guerra Mundial foi convidado pelo Bureau of Inter-American Affairs, de Washington, para fazer parte do corpo de tradutores das notícias de guerra, do inglês para o português. Ainda na American University, de Washington, fundou o Brazilian Center, centro cultural brasileiro, com o fim de manter intercâmbio cultural entre o Brasil e os Estados Unidos.

Na capital dos Estados Unidos, frequentou, durante três anos, o Golden Lotus Temple, onde foi iniciado em Kriyayoga por Swami Premananda, diretor hindu desse ashram.

Ao fim de sua permanência nos Estados Unidos, Huberto Rohden foi convidado para fazer parte do corpo docente da nova International Christian University (ICU) de Metaka, Japão, a fim de reger as cátedras de Filosofia Universal e Religiões Comparadas; mas, por causa da guerra na Coreia, a universidade japonesa não foi inaugurada, e regressou ao Brasil. Em São Paulo foi nomeado professor de Filosofia na Universidade Mackenzie, cargo do qual não tomou posse.

Em 1952, fundou em São Paulo a Instituição Cultural e Beneficente Alvorada, onde mantinha cursos permanentes em São Paulo, Rio de Janeiro e Goiânia, sobre Filosofia Univérsica e Filosofia do Evangelho, e dirigia Casas de Retiro Espiritual (*ashrams*) em diversos estados do Brasil.

Em 1969, empreendeu viagens de estudo e experiência espiritual pela Palestina, Egito, Índia e Nepal, realizando diversas conferências com grupos de iogues na Índia.

Em 1976, foi chamado a Portugal para fazer conferências sobre autoconhecimento e autorrealização. Em Lisboa fundou um setor do Centro de Autorrealização Alvorada.

Nos últimos anos, Rohden residia na capital de São Paulo, onde permanecia alguns dias da semana escrevendo e reescrevendo seus livros, nos textos definitivos. Costumava passar três dias da semana no *ashram*, em contato com a natureza, plantando árvores, flores ou trabalhando no seu apiário-modelo.

Quando estava na capital, frequentava periodicamente a editora responsável pela publicação de seus livros, dando-lhe orientação cultural e inspiração.

À zero hora do dia 7 de outubro de 1981, após longa internação em uma clínica naturista de São Paulo, aos 87 anos, o professor Huberto Rohden partiu deste mundo e do convívio de seus amigos e discípulos. Suas últimas palavras em estado consciente foram: "Eu vim para servir à Humanidade".

Ele deixa, para as gerações futuras, um legado cultural e um exemplo de fé e trabalho somente comparados aos dos grandes homens do século XX.

Huberto Rohden é o principal editando da Editora Martin Claret.

Relação de obras do prof. Huberto Rohden

Coleção Filosofia Universal

O pensamento filosófico da Antiguidade
A filosofia contemporânea
O espírito da filosofia oriental

Coleção Filosofia do Evangelho

Filosofia cósmica do Evangelho
O Sermão da Montanha
Assim dizia o Mestre
O triunfo da vida sobre a morte
O nosso Mestre

Coleção Filosofia da Vida

De alma para alma
Ídolos ou ideal?
Escalando o Himalaia
O caminho da felicidade
Deus
Em espírito e verdade
Em comunhão com Deus
Cosmorama
Por que sofremos

Lúcifer e Logos
A grande libertação
Bhagavad Gita (tradução)
Setas para o infinito
Entre dois mundos
Minhas vivências na Palestina, Egito e Índia
Filosofia da arte
A arte de curar pelo espírito. Autor: Joel Goldsmith (tradução)
Orientando
"Que vos parece do Cristo?"
Educação do homem integral
Dias de grande paz (tradução)
O drama milenar do Cristo e do Anticristo
Luzes e sombras da alvorada
Roteiro cósmico
A metafísica do cristianismo
A voz do silêncio
Tao Te Ching de Lao-tsé (tradução) — ilustrado
Sabedoria das parábolas
O 5º Evangelho segundo Tomé (tradução)
A nova humanidade
A mensagem viva do Cristo (Os quatro Evangelhos — tradução)
Rumo à consciência cósmica
O homem
Estratégias de Lúcifer
O homem e o Universo
Imperativos da vida
Profanos e iniciados
Novo Testamento
Lampejos evangélicos
O Cristo cósmico e os essênios
A experiência cósmica

Coleção Mistérios da Natureza

Maravilhas do Universo
Alegorias
Ísis
Por mundos ignotos

Coleção Biografias

Paulo de Tarso
Agostinho
Por um ideal — 2 vols. — autobiografia
Mahatma Gandhi — ilustrado
Jesus Nazareno — 2 vols.
Einstein — O enigma da Matemática — ilustrado
Pascal — ilustrado
Myriam

Coleção Opúsculos

Catecismo da filosofia
Saúde e felicidade pela cosmomeditação
Assim dizia Mahatma Gandhi (100 pensamentos — tradução)
Aconteceu entre 2000 e 3000
Ciência, milagre e oração são compatíveis?
Autoiniciação e cosmomeditação
Filosofia univérsica — sua origem, sua natureza e sua finalidade

O OBJETIVO, A FILOSOFIA E A MISSÃO DA EDITORA MARTIN CLARET

O principal objetivo da Martin Claret é contribuir para a difusão da educação e da cultura, por meio da democratização do livro, usando os canais de comercialização habituais, além de criar novos.

A filosofia de trabalho da Martin Claret consiste em produzir livros de qualidade a um preço acessível, para que possam ser apreciados pelo maior número possível de leitores.

A missão da Martin Claret é conscientizar e motivar as pessoas a desenvolver e utilizar o seu pleno potencial espiritual, mental, emocional e social.

O livro muda as pessoas. Revolucione-se: leia mais para ser mais!

Relação dos Volumes Publicados

1. Dom Casmurro — Machado de Assis
2. O Príncipe — Maquiavel
3. Mensagem — Fernando Pessoa
4. O Lobo do Mar — Jack London
5. A Arte da Prudência — Baltasar Gracián
6. Iracema / Cinco Minutos — José de Alencar
7. Inocência — Visconde de Taunay
8. A Mulher de 30 Anos — Honoré de Balzac
9. A Moreninha — Joaquim Manuel de Macedo
10. A Escrava Isaura — Bernardo Guimarães
11. As Viagens - "Il Milione" — Marco Polo
12. O Retrato de Dorian Gray — Oscar Wilde
13. A Volta ao Mundo em 80 Dias — Júlio Verne
14. A Carne — Júlio Ribeiro
15. Amor de Perdição — Camilo Castelo Branco
16. Sonetos — Luís de Camões
17. O Guarani — José de Alencar
18. Memórias Póstumas de Brás Cubas — Machado de Assis
19. Lira dos Vinte Anos — Alvares de Azevedo
20. Apologia de Sócrates / Banquete — Platão
21. A Metamorfose/Um Artista da Fome/Carta a Meu Pai — Franz Kafka
22. Assim Falou Zaratustra — Friedrich Nietzsche
23. Triste Fim de Policarpo Quaresma — Lima Barreto
24. A Ilustre Casa de Ramires — Eça de Queirós
25. Memórias de um Sargento de Milícias — Manuel Antônio de Almeida
26. Robinson Crusoé — Daniel Defoe
27. Espumas Flutuantes — Castro Alves
28. O Ateneu — Raul Pompeia
29. O Noviço / O Juiz de Paz da Roça / Quem Casa Quer Casa — Martins Pena
30. A Relíquia — Eça de Queirós
31. O Jogador — Dostoiévski
32. Histórias Extraordinárias — Edgar Allan Poe
33. Os Lusíadas — Luís de Camões
34. As Aventuras de Tom Sawyer — Mark Twain
35. Bola de Sebo e Outros Contos — Guy de Maupassant
36. A República — Platão
37. Elogio da Loucura — Erasmo de Rotterdam
38. Caninos Brancos — Jack London
39. Hamlet — William Shakespeare
40. A Utopia — Thomas More
41. O Processo — Franz Kafka
42. O Médico e o Monstro — Robert Louis Stevenson
43. Ecce Homo — Friedrich Nietzsche
44. O Manifesto do Partido Comunista — Marx e Engels
45. Discurso do Método / Regras para a Direção do Espírito — René Descartes
46. Do Contrato Social — Jean-Jacques Rousseau
47. A Luta pelo Direito — Rudolf von Ihering
48. Dos Delitos e das Penas — Cesare Beccaria
49. A Ética Protestante e o Espírito do Capitalismo — Max Weber
50. O Anticristo — Friedrich Nietzsche
51. Os Sofrimentos do Jovem Werther — Goethe
52. As Flores do Mal — Charles Baudelaire
53. Ética a Nicômaco — Aristóteles
54. A Arte da Guerra — Sun Tzu
55. Imitação de Cristo — Tomás de Kempis
56. Cândido ou o Otimismo — Voltaire
57. Rei Lear — William Shakespeare
58. Frankenstein — Mary Shelley
59. Quincas Borba — Machado de Assis
60. Fedro — Platão
61. Política — Aristóteles
62. A Viuvinha / Encarnação — José de Alencar
63. As Regras do Método Sociológico — Émile Durkheim
64. O Cão dos Baskervilles — Sir Arthur Conan Doyle
65. Contos Escolhidos — Machado de Assis
66. Da Morte / Metafísica do Amor / Do Sofrimento do Mundo — Arthur Schopenhauer
67. As Minas do Rei Salomão — Henry Rider Haggard
68. Manuscritos Econômico-Filosóficos — Karl Marx
69. Um Estudo em Vermelho — Sir Arthur Conan Doyle
70. Meditações — Marco Aurélio
71. A Vida das Abelhas — Maurice Materlinck
72. O Cortiço — Aluísio Azevedo
73. Senhora — José de Alencar
74. Brás, Bexiga e Barra Funda / Laranja da China — Antônio de Alcântara Machado
75. Eugênia Grandet — Honoré de Balzac
76. Contos Gauchescos — João Simões Lopes Neto
77. Esaú e Jacó — Machado de Assis
78. O Desespero Humano — Sören Kierkegaard
79. Dos Deveres — Cicero
80. Ciência e Política — Max Weber
81. Satíricon — Petrônio
82. Eu e Outras Poesias — Augusto dos Anjos
83. Farsa de Inês Pereira / Auto da Barca do Inferno / Auto da Alma — Gil Vicente
84. A Desobediência Civil e Outros Escritos — Henry David Toreau
85. Para Além do Bem e do Mal — Friedrich Nietzsche
86. A Ilha do Tesouro — R. Louis Stevenson
87. Marília de Dirceu — Tomás A. Gonzaga
88. As Aventuras de Pinóquio — Carlo Collodi
89. Segundo Tratado Sobre o Governo — John Locke
90. Amor de Salvação — Camilo Castelo Branco
91. Broquéis/Faróis/Últimos Sonetos — Cruz e Souza
92. I-Juca-Pirama / Os Timbiras / Outros Poemas — Gonçalves Dias
93. Romeu e Julieta — William Shakespeare
94. A Capital Federal — Arthur Azevedo
95. Diário de um Sedutor — Sören Kierkegaard
96. Carta de Pero Vaz de Caminha a El-Rei Sobre o Achamento do Brasil
97. Casa de Pensão — Aluísio Azevedo
98. Macbeth — William Shakespeare

99. ÉDIPO REI/ANTÍGONA
    Sófocles
100. LUCÍOLA
    José de Alencar
101. AS AVENTURAS DE
    SHERLOCK HOLMES
    Sir Arthur Conan Doyle
102. BOM-CRIOULO
    Adolfo Caminha
103. HELENA
    Machado de Assis
104. POEMAS SATÍRICOS
    Gregório de Matos
105. ESCRITOS POLÍTICOS /
    A ARTE DA GUERRA
    Maquiavel
106. UBIRAJARA
    José de Alencar
107. DIVA
    José de Alencar
108. EURICO, O PRESBÍTERO
    Alexandre Herculano
109. OS MELHORES CONTOS
    Lima Barreto
110. A LUNETA MÁGICA
    Joaquim Manuel de Macedo
111. FUNDAMENTAÇÃO DA METAFÍSICA
    DOS COSTUMES E OUTROS
    ESCRITOS
    Immanuel Kant
112. O PRÍNCIPE E O MENDIGO
    Mark Twain
113. O DOMÍNIO DE SI MESMO PELA
    AUTO-SUGESTÃO CONSCIENTE
    Émile Coué
114. O MULATO
    Aluísio Azevedo
115. SONETOS
    Florbela Espanca
116. UMA ESTADIA NO INFERNO /
    POEMAS / CARTA DO VIDENTE
    Arthur Rimbaud
117. VÁRIAS HISTÓRIAS
    Machado de Assis
118. FÉDON
    Platão
119. POESIAS
    Olavo Bilac
120. A CONDUTA PARA A VIDA
    Ralph Waldo Emerson
121. O LIVRO VERMELHO
    Mao Tsé-Tung
122. ORAÇÃO AOS MOÇOS
    Rui Barbosa
123. OTELO, O MOURO DE VENEZA
    William Shakespeare
124. ENSAIOS
    Ralph Waldo Emerson
125. DE PROFUNDIS / BALADA
    DO CÁRCERE DE READING
    Oscar Wilde
126. CRÍTICA DA RAZÃO PRÁTICA
    Immanuel Kant
127. A ARTE DE AMAR
    Ovídio Naso
128. O TARTUFO OU O IMPOSTOR
    Molière
129. METAMORFOSES
    Ovídio Naso
130. A GAIA CIÊNCIA
    Friedrich Nietzsche
131. O DOENTE IMAGINÁRIO
    Molière
132. UMA LÁGRIMA DE MULHER
    Aluísio Azevedo
133. O ÚLTIMO ADEUS DE
    SHERLOCK HOLMES
    Sir Arthur Conan Doyle
134. CANUDOS - DIÁRIO DE UMA
    EXPEDIÇÃO
    Euclides da Cunha
135. A DOUTRINA DE BUDA
    Siddharta Gautama
136. TAO TE CHING
    Lao-Tsé
137. DA MONARQUIA / VIDA NOVA
    Dante Alighieri
138. A BRASILEIRA DE PRAZINS
    Camilo Castelo Branco
139. O VELHO DA HORTA/QUEM TEM
    FARELOS?/AUTO DA ÍNDIA
    Gil Vicente
140. O SEMINARISTA
    Bernardo Guimarães
141. O ALIENISTA / CASA VELHA
    Machado de Assis
142. SONETOS
    Manuel du Bocage
143. O MANDARIM
    Eça de Queirós
144. NOITE NA TAVERNA / MACÁRIO
    Álvares de Azevedo
145. VIAGENS NA MINHA TERRA
    Almeida Garrett
146. SERMÕES ESCOLHIDOS
    Padre Antonio Vieira
147. OS ESCRAVOS
    Castro Alves
148. O DEMÔNIO FAMILIAR
    José de Alencar
149. A MANDRÁGORA /
    BELFAGOR, O ARQUIDIABO
    Maquiavel
150. O HOMEM
    Aluísio Azevedo
151. ARTE POÉTICA
    Aristóteles
152. A MEGERA DOMADA
    William Shakespeare
153. ALCESTE/ELECTRA/HIPÓLITO
    Eurípedes
154. O SERMÃO DA MONTANHA
    Huberto Rohden
155. O CABELEIRA
    Franklin Távora
156. RUBÁIYÁT
    Omar Khayyám
157. LUZIA-HOMEM
    Domingos Olímpio
158. A CIDADE E AS SERRAS
    Eça de Queirós
159. A RETIRADA DA LAGUNA
    Visconde de Taunay
160. A VIAGEM AO CENTRO DA TERRA
    Júlio Verne
161. CARAMURU
    Frei Santa Rita Durão
162. CLARA DOS ANJOS
    Lima Barreto
163. MEMORIAL DE AIRES
    Machado de Assis
164. BHAGAVAD GITA
    Krishna
165. O PROFETA
    Khalil Gibran
166. AFORISMOS
    Hipócrates
167. KAMA SUTRA
    Vatsyayana
168. HISTÓRIAS DE MOWGLI
    Rudyard Kipling
169. DE ALMA PARA ALMA
    Huberto Rohden
170. ORAÇÕES
    Cícero
171. SABEDORIA DAS PARÁBOLAS
    Huberto Rohden
172. SALOMÉ
    Oscar Wilde
173. DO CIDADÃO
    Thomas Hobbes
174. PORQUE SOFREMOS
    Huberto Rohden
175. EINSTEIN: O ENIGMA DO UNIVERSO
    Huberto Rohden
176. A MENSAGEM VIVA DO CRISTO
    Huberto Rohden
177. MAHATMA GANDHI
    Huberto Rohden
178. A CIDADE DO SOL
    Tommaso Campanella
179. SETAS PARA O INFINITO
    Huberto Rohden
180. A VOZ DO SILÊNCIO
    Helena Blavatsky
181. FREI LUÍS DE SOUSA
    Almeida Garrett
182. FÁBULAS
    Esopo
183. CÂNTICO DE NATAL/
    OS CARRILHÕES
    Charles Dickens
184. CONTOS
    Eça de Queirós
185. O PAI GORIOT
    Honoré de Balzac
186. NOITES BRANCAS
    E OUTRAS HISTÓRIAS
    Dostoiévski
187. MINHA FORMAÇÃO
    Joaquim Nabuco
188. PRAGMATISMO
    William James
189. DISCURSOS FORENSES
    Enrico Ferri
190. MEDEIA
    Eurípedes
191. DISCURSOS DE ACUSAÇÃO
    Enrico Ferri
192. A IDEOLOGIA ALEMÃ
    Marx & Engels
193. PROMETEU ACORRENTADO
    Esquilo
194. IAIÁ GARCIA
    Machado de Assis
195. DISCURSOS NO INSTITUTO DOS
    ADVOGADOS BRASILEIROS /
    DISCURSO NO COLÉGIO
    ANCHIETA
    Rui Barbosa
196. ÉDIPO EM COLONO
    Sófocles
197. A ARTE DE CURAR PELO ESPÍRITO
    Joel S. Goldsmith
198. JESUS, O FILHO DO HOMEM
    Khalil Gibran
199. DISCURSO SOBRE A ORIGEM E
    OS FUNDAMENTOS DA DESIGUAL-
    DADE ENTRE OS HOMENS
    Jean-Jacques Rousseau
200. FÁBULAS
    La Fontaine
201. O SONHO DE UMA NOITE
    DE VERÃO
    William Shakespeare

202. MAQUIAVEL, O PODER
    José Nivaldo Junior
203. RESSURREIÇÃO
    Machado de Assis
204. O CAMINHO DA FELICIDADE
    Huberto Rohden
205. A VELHICE DO PADRE ETERNO
    Guerra Junqueiro
206. O SERTANEJO
    José de Alencar
207. GITANJALI
    Rabindranath Tagore
208. SENSO COMUM
    Thomas Paine
209. CANAÃ
    Graça Aranha
210. O CAMINHO INFINITO
    Joel S. Goldsmith
211. PENSAMENTOS
    Epicuro
212. A LETRA ESCARLATE
    Nathaniel Hawthorne
213. AUTOBIOGRAFIA
    Benjamin Franklin
214. MEMÓRIAS DE
    SHERLOCK HOLMES
    Sir Arthur Conan Doyle
215. O DEVER DO ADVOGADO /
    POSSE DE DIREITOS PESSOAIS
    Rui Barbosa
216. O TRONCO DO IPÊ
    José de Alencar
217. O AMANTE DE LADY
    CHATTERLEY
    D. H. Lawrence
218. CONTOS AMAZÔNICOS
    Inglês de Souza
219. A TEMPESTADE
    William Shakespeare
220. ONDAS
    Euclides da Cunha
221. EDUCAÇÃO DO HOMEM
    INTEGRAL
    Huberto Rohden
222. NOVOS RUMOS PARA A
    EDUCAÇÃO
    Huberto Rohden
223. MULHERZINHAS
    Louise May Alcott
224. A MÃO E A LUVA
    Machado de Assis
225. A MORTE DE IVAN ILICT
    / SENHORES E SERVOS
    Leon Tolstói
226. ÁLCOOIS E OUTROS POEMAS
    Apollinaire
227. PAIS E FILHOS
    Ivan Turguêniev
228. ALICE NO PAÍS DAS
    MARAVILHAS
    Lewis Carroll
229. À MARGEM DA HISTÓRIA
    Euclides da Cunha
230. VIAGEM AO BRASIL
    Hans Staden
231. O QUINTO EVANGELHO
    Tomé
232. LORDE JIM
    Joseph Conrad
233. CARTAS CHILENAS
    Tomás Antônio Gonzaga
234. ODES MODERNAS
    Antrero de Quental
235. DO CATIVEIRO BABILÔNICO
    DA IGREJA
    Martinho Lutero
236. O CORAÇÃO DAS TREVAS
    Joseph Conrad
237. THAIS
    Anatole France
238. ANDRÔMACA / FEDRA
    Racine
239. AS CATILINÁRIAS
    Cícero
240. RECORDAÇÕES DA CASA
    DOS MORTOS
    Dostoiévski
241. O MERCADOR DE VENEZA
    William Shakespeare
242. A FILHA DO CAPITÃO /
    A DAMA DE ESPADAS
    Aleksandr Púchkin
243. ORGULHO E PRECONCEITO
    Jane Austen
244. A VOLTA DO PARAFUSO
    Henry James
245. O GAÚCHO
    José de Alencar
246. TRISTÃO E ISOLDA
    Lenda Medieval Celta de Amor
247. POEMAS COMPLETOS DE
    ALBERTO CAEIRO
    Fernando Pessoa
248. MAIAKÓSVSKI
    Vida e Poesia
249. SONETOS
    William Shakespeare
250. POESIA DE RICARDO REIS
    Fernando Pessoa
251. PAPÉIS AVULSOS
    Machado de Assis
252. CONTOS FLUMINENSES
    Machado de Assis
253. O BOBO
    Alexandre Herculano
254. A ORAÇÃO DA COROA
    Demóstenes
255. O CASTELO
    Franz Kafka
256. O TROVEJAR DO SILÊNCIO
    Joel S. Goldsmith
257. ALICE NA CASA DOS ESPELHOS
    Lewis Carrol
258. MISÉRIA DA FILOSOFIA
    Karl Marx
259. JÚLIO CÉSAR
    William Shakespeare
260. ANTÔNIO E CLEÓPATRA
    William Shakespeare
261. FILOSOFIA DA ARTE
    Huberto Rohden
262. A ALMA ENCANTADORA
    DAS RUAS
    João do Rio
263. A NORMALISTA
    Adolfo Caminha
264. POLLYANNA
    Eleanor H. Porter
265. AS PUPILAS DO SENHOR REITOR
    Júlio Diniz
266. AS PRIMAVERAS
    Casimiro de Abreu
267. FUNDAMENTOS DO DIREITO
    Léon Duguit
268. DISCURSOS DE METAFÍSICA
    G. W. Leibniz
269. SOCIOLOGIA E FILOSOFIA
    Emile Durkheim
270. CANCIONEIRO
    Fernando Pessoa
271. A DAMA DAS CAMÉLIAS
    Alexandre Dumas (filho)
272. O DIVÓRCIO /
    AS BASES DA FÉ /
    E OUTROS TEXTOS
    Rui Barbosa
273. POLLYANNA MOÇA
    Eleanor H. Porter
274. O 18 BRUMÁRIO DE
    LUÍS BONAPARTE
    Karl Marx
275. TEATRO DE MACHADO DE ASSIS
    Antologia
276. CARTAS PERSAS
    Montesquieu
277. EM COMUNHÃO COM DEUS
    Huberto Rohden
278. RAZÃO E SENSIBILIDADE
    Jane Austen
279. CRÔNICAS SELECIONADAS
    Machado de Assis
280. HISTÓRIAS DA MEIA-NOITE
    Machado de Assis
281. CYRANO DE BERGERAC
    Edmond Rostand
282. O MARAVILHOSO MÁGICO DE OZ
    L. Frank Baum
283. TROCANDO OLHARES
    Florbela Espanca
284. O PENSAMENTO FILOSÓFICO
    DA ANTIGUIDADE
    Huberto Rohden
285. FILOSOFIA CONTEMPORÂNEA
    Huberto Rohden
286. O ESPÍRITO DA FILOSOFIA
    ORIENTAL
    Huberto Rohden
287. A PELE DO LOBO /
    O BADEJO / O DOTE
    Artur Azevedo
288. OS BRUZUNDANGAS
    Lima Barreto
289. A PATA DA GAZELA
    José de Alencar
290. O VALE DO TERROR
    Sir Arthur Conan Doyle
291. O SIGNO DOS QUATRO
    Sir Arthur Conan Doyle
292. AS MÁSCARAS DO DESTINO
    Florbela Espanca
293. A CONFISSÃO DE LÚCIO
    Mário de Sá-Carneiro
294. FALENAS
    Machado de Assis
295. O URAGUAI /
    A DECLAMAÇÃO TRÁGICA
    Basílio da Gama
296. CRISÁLIDAS
    Machado de Assis
297. AMERICANAS
    Machado de Assis
298. A CARTEIRA DE MEU TIO
    Joaquim Manuel de Macedo
299. CATECISMO DA FILOSOFIA
    Huberto Rohden
300. APOLOGIA DE SÓCRATES
    Platão (Edição bilingue)
301. RUMO À CONSCIÊNCIA CÓSMICA
    Huberto Rohden
302. COSMOTERAPIA
    Huberto Rohden
303. BODAS DE SANGUE
    Federico García Lorca
304. DISCURSO DA SERVIDÃO
    VOLUNTÁRIA
    Étienne de La Boétie

305. Categorias
 Aristóteles
306. Manon Lescaut
 Abade Prévost
307. Theogonia / Trabalho e Dias
 Hesíodo
308. As Vítimas-Algozes
 Joaquim Manuel de Macedo
309. Persuasão
 Jane Austen
310. Agostinho - Huberto Rohden
311. Roteiro Cósmico
 Huberto Rohden
312. A Queda dum Anjo
 Camilo Castelo Branco
313. O Cristo Cósmico e os Essênios - Huberto Rohden
314. Metafísica do Cristianismo
 Huberto Rohden
315. Rei Édipo - Sófocles
316. Livro dos Provérbios
 Salomão
317. Histórias de Horror
 Howard Phillips Lovecraft
318. O Ladrão de Casaca
 Maurice Leblanc
319. Til
 José de Alencar

Série Ouro
(Livros com mais de 400 p.)

1. Leviatã
 Thomas Hobbes
2. A Cidade Antiga
 Fustel de Coulanges
3. Crítica da Razão Pura
 Immanuel Kant
4. Confissões
 Santo Agostinho
5. Os Sertões
 Euclides da Cunha
6. Dicionário Filosófico
 Voltaire
7. A Divina Comédia
 Dante Alighieri
8. Ética Demonstrada à Maneira dos Geômetras
 Baruch de Spinoza
9. Do Espírito das Leis
 Montesquieu
10. O Primo Basílio
 Eça de Queirós
11. O Crime do Padre Amaro
 Eça de Queirós
12. Crime e Castigo
 Dostoiévski
13. Fausto
 Goethe
14. O Suicídio
 Émile Durkheim
15. Odisseia
 Homero
16. Paraíso Perdido
 John Milton
17. Drácula
 Bram Stoker
18. Ilíada
 Homero
19. As Aventuras de Huckleberry Finn
 Mark Twain
20. Paulo – O 13º Apóstolo
 Ernest Renan
21. Eneida
 Virgílio
22. Pensamentos
 Blaise Pascal
23. A Origem das Espécies
 Charles Darwin
24. Vida de Jesus
 Ernest Renan
25. Moby Dick
 Herman Melville
26. Os Irmãos Karamazovi
 Dostoiévski
27. O Morro dos Ventos Uivantes
 Emily Brontë
28. Vinte Mil Léguas Submarinas
 Júlio Verne
29. Madame Bovary
 Gustave Flaubert
30. O Vermelho e o Negro
 Stendhal
31. Os Trabalhadores do Mar
 Victor Hugo
32. A Vida dos Doze Césares
 Suetônio
33. O Moço Loiro
 Joaquim Manuel de Macedo
34. O Idiota
 Dostoiévski
35. Paulo de Tarso
 Huberto Rohden
36. O Peregrino
 John Bunyan
37. As Profecias
 Nostradamus
38. Novo Testamento
 Huberto Rohden
39. O Corcunda de Notre Dame
 Victor Hugo
40. Arte de Furtar
 Anônimo do século XVII
41. Germinal
 Émile Zola
42. Folhas de Relva
 Walt Whitman
43. Ben-Hur — Uma História dos Tempos de Cristo
 Lew Wallace
44. Os Maias
 Eça de Queirós
45. O Livro da Mitologia
 Thomas Bulfinch
46. Os Três Mosqueteiros
 Alexandre Dumas
47. Poesia de Álvaro de Campos
 Fernando Pessoa
48. Jesus Nazareno
 Huberto Rohden
49. Grandes Esperanças
 Charles Dickens
50. A Educação Sentimental
 Gustave Flaubert
51. O Conde de Monte Cristo (Volume I)
 Alexandre Dumas
52. O Conde de Monte Cristo (Volume II)
 Alexandre Dumas
53. Os Miseráveis (Volume I)
 Victor Hugo
54. Os Miseráveis (Volume II)
 Victor Hugo
55. Dom Quixote de La Mancha (Volume I)
 Miguel de Cervantes
56. Dom Quixote de La Mancha (Volume II)
 Miguel de Cervantes
57. As Confissões
 Jean-Jacques Rousseau
58. Contos Escolhidos
 Artur Azevedo
59. As Aventuras de Robin Hood
 Howard Pyle
60. Mansfield Park
 Jane Austen